LIENZOS de LUZ y SOMBRA

Eduardo Azofra y Chema Sánchez

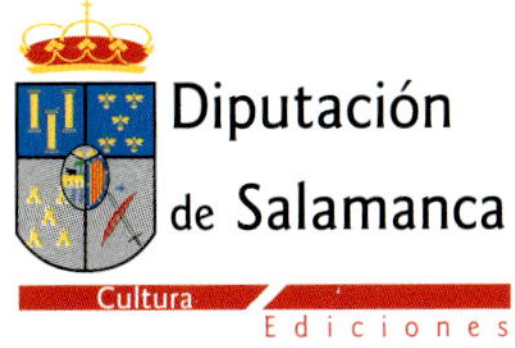

EDICIONES DE LA DIPUTACIÓN DE SALAMANCA:
Serie Catálogos de exposiciones, n.º 280

1.ª edición: mayo, 2025
© Diputación de Salamanca

COMISARIOS:
Eduardo Azofra
Chema Sánchez

FOTOGRAFÍAS:
Autores

MONTAJE:
Feltrero División Arte

ediciones@lasalina.es
www.lasalina.es/cultura

ISBN: 978-84-7797-774-2
Depósito Legal: S 159-2025

MAQUETACIÓN E IMPRESIÓN:
Gráficas Lope. Salamanca
www.graficaslope.com

LUCES DE SALAMANCA

En agosto de 2017 la UNESCO acordó celebrar cada 16 de mayo el Día Internacional de la Luz, coincidiendo con el aniversario de la primera operación exitosa del láser, promovida por el ingeniero Theodore Maiman. Desde entonces, cada año, se realizan diferentes acontecimientos científicos y culturales como efeméride de esta iniciativa.

El Centro de Láseres Pulsados de la Universidad de Salamanca ha elaborado un programa de actividades en el que se incluye esta exposición "Lienzos de Luz y Sombra", en la que participan nada más y nada menos que veintinueve artistas, que de esta forma exaltan la importancia de la luz en el arte.

La luz se ha convertido en un fenómeno esencial de la vida cotidiana de nuestra sociedad. Creo que es imposible imaginarnos un mundo a oscuras, una existencia sin el milagro diario de la luz y sus múltiples aplicaciones.

En otro orden de cosas, desde nuestra óptica provincial, sería muy difícil reflexionar o tratar de explicar la singularidad de nuestros monumentos sin la influencia de la luz, o la importancia del fenómeno lumínico en la agricultura, ganadería o el campo salmantino.

Resulta imposible imaginar el paisaje de nuestra tierra, sin los diferentes tonos de los predios charros durante diferentes horas del día, o los diversos matices de los encinares con el alba, al mediodía o al atardecer. La luz modula las sensaciones que los artistas se han encargado de interpretar y recoger en las obras que conforman esta exposición.

DAVID MINGO PÉREZ
Vicepresidente 1.º de la Diputación de Salamanca
Diputado de Cultura

LUZ Y TAQUÍGRAFOS

La famosa expresión, "Luz y taquígrafos" de don Antonio Maura, sinónimo de claridad, permitirme que la compare con esta exposición, "Lienzos de Luz y Sombra", en la que la conjunción de los esfuerzos del Centro de Láseres Pulsados de la USAL, de la Diputación de Salamanca, del Ayuntamiento de Villamayor y del Casino de Salamanca van a propiciar que, una vez más, la luz se convierta en la auténtica verdad de la creación artística.

Nos enorgullecemos de acoger esta muestra colectiva, que inauguramos la víspera del Día Internacional de la Luz de 2025, en el que lo más granado de la nómina de los artistas salmantinos han colgado, en nuestra coqueta sala de exposiciones, una muestra heterogénea en la que han interpretado, de acuerdo con sus principios e inspiración, el concepto de la luz como componente integral e indisoluble del fenómeno artístico.

"Lienzos de Luz y Sombra" se ha convertido en algo más que una declaración de intenciones. Tras ese título se recogen veintinueve obras que rezuman un gran nivel y una alta dosis de calidad, muchas de ellas dignas de ocupar espacios de relumbrón en galerías de primer nivel e incluso asomarse a la colección de distintos museos.

En cualquier caso, desde el Casino de Salamanca, una vez más, nos sentimos orgullosos de aportar nuestro granito de arena para la promoción y potenciación de la cultura y el arte de Salamanca y su provincia.

Pedro Méndez González
Presidente del Casino de Salamanca

LA LUZ Y LA PIEDRA

El Ayuntamiento de Villamayor viene manteniendo una entrañable sintonía y colaboración con el Centro de Láseres Pulsados de la Universidad de Salamanca. De ahí que cuando recibimos la invitación para colaborar con esta exposición, promovida por el Centro, con motivo del Día Internacional de la Luz, no dudamos en dar un paso adelante y sumar nuestro esfuerzo al de la USAL, la Diputación Provincial y el Casino de Salamanca.

El nombre de Villamayor aparece habitualmente unido al de la piedra, y la piedra de Villamayor sería muy difícil de entender sin su matrimonio con la luz. Y es que la luz es quien da relieve y resalta las formas de las artísticas labras de la *Portada Rica* del edificio de las Escuelas Mayores de la Universidad de Salamanca. La luz, aliada con los enigmas y las tradiciones, convierte nuestra joya del plateresco en un espectáculo único al que asisten cada día, cada semana, cada mes y cada año, miles de visitantes, deslumbrados por el bien ganado prestigio de este tesoro de nuestro patrimonio.

Luces y sombras transforman también la fachada de la iglesia del convento de San Esteban o el Ayuntamiento del ágora salmantina en escenarios donde las sensaciones de cada espectador se elevan hasta alcanzar cotas de emoción inigualables.

La luz es el milagro que enaltece el día a día del Universo, y que nunca se cansa de elevar su poderosa voz para engrandecimiento de la piedra de Villamayor.

Ángel Luis Peralvo Sanchón
Alcalde de Villamayor

EL DÍA INTERNACIONAL DE LA LUZ

Cada 16 de mayo se celebra el Día Internacional de la Luz, una fecha proclamada por la UNESCO en 2017 y conmemorativa desde 2018, con el objetivo de promover actividades que faciliten una apreciación global del papel crucial que la luz y las tecnologías basadas en la luz desempeñan en la vida de los ciudadanos. Esta celebración pone en valor su impacto en campos tan diversos como la ciencia, la medicina, las comunicaciones, la tecnología, la cultura, la educación, el desarrollo sostenible o las tecnologías integradas.

Este año, el Centro de Láseres Pulsados tiene el honor de ser la entidad impulsora de los actos centrales del Día Internacional de la Luz en nuestro entorno. En este marco, hemos querido sumar una propuesta que pone en diálogo la ciencia y el arte, a través de una exposición colectiva de artistas cuya obra gira en torno a la luz como lenguaje expresivo. Esta muestra forma parte de un amplio programa de actividades diseñadas para acercar la ciencia a la sociedad desde distintas perspectivas, siendo esta una de las más simbólicas y evocadoras.

Queremos expresar nuestro especial agradecimiento a los comisarios, Eduardo Azofra y Chema Sánchez, por su constante disposición, entusiasmo y compromiso con el arte y con los artistas de nuestra comunidad, así como a la Diputación de Salamanca, al Ayuntamiento de Villamayor y al Casino, por su apoyo y colaboración. Gracias a su implicación y generosidad, esta exposición ha podido ver la luz –nunca mejor dicho–, reafirmando que la alianza entre instituciones científicas, culturales y artísticas genera espacios únicos donde la creatividad y el conocimiento se encuentran y se enriquecen mutuamente.

Esperamos que esta exposición no solo invite a disfrutar de la belleza de las obras aquí reunidas, sino también a mirar la luz con otros ojos: como fenómeno físico, como herramienta artística y como símbolo de todo lo que aún queda por descubrir.

GIANCARLO GATTI
Director del Centro de Láseres Pulsados (CLPU)

LIENZOS de LUZ y SOMBRA

Eduardo Azofra y Chema Sánchez

Y dijo Dios: Que haya lumbreras en la bóveda celeste para separar el día de la noche, y sirvan de señales para distinguir las estaciones, los días y los años; que luzcan en la bóveda del cielo para alumbrar la tierra. Y así fue. Hizo Dios dos lumbreras grandes, la mayor para regir el día y la menor para regir la noche, y también las estrellas; y las puso en la bóveda del cielo para alumbrar la tierra, regir el día y la noche, y para separar la luz de las tinieblas. Y vio Dios que era bueno.

Génesis 1:14-18

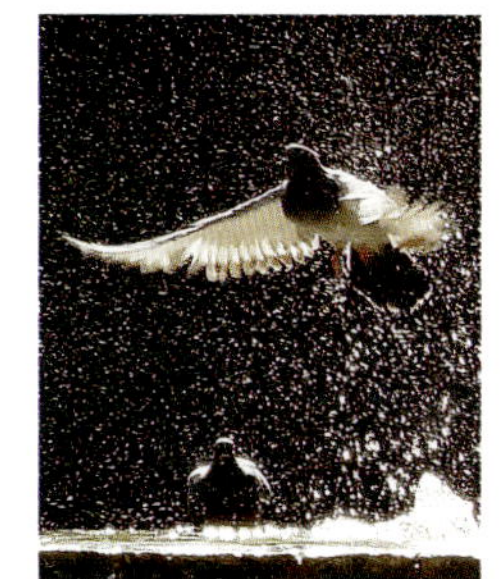

La misma naturaleza es unas veces oscuridad y otras luz.

Aristóteles, *De anima*
Edición en castellano: *Acerca del alma,* introducción, traducción y notas de Tomás Calvo Martínez. Gredos: Madrid, 2014.

Introito

Dentro del atractivo conjunto de actividades programadas este año por el Centro de Láseres Pulsados del Parque Científico de la Universidad de Salamanca con motivo del Día Internacional de la Luz –que se celebra cada 16 de mayo desde que fue establecido por la UNESCO en 2017– cabe destacar esta evocadora y heterogénea exposición colectiva, titulada *Lienzos de Luz y Sombra,* en la que veintinueve artistas –vinculados estrechamente, por unos u otros motivos que ahora apenas tienen interés alguno, con Salamanca, tanto con la ciudad como con su provincia– nos sorprenden, en una sugerente y sugestiva actuación coral, con sus obras (veintisiete pinturas, una escultura y una

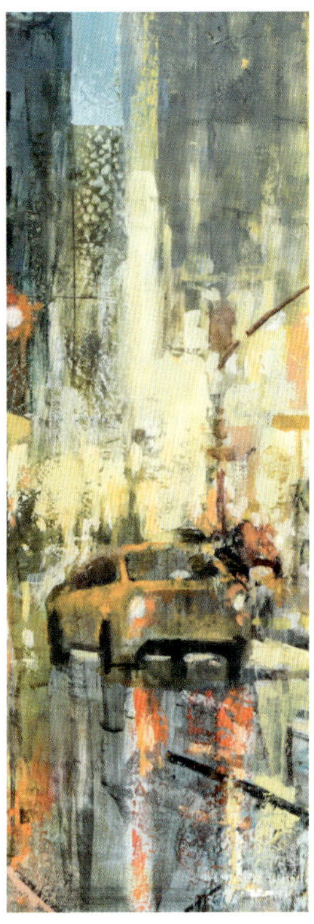

fotografía), construidas –en esta ocasión, a nuestro entender, no podía ni debía ser de otra manera– a partir de la Luz, en mayúsculas (y su inseparable complemento, que no contrario, la Sombra, igualmente en mayúsculas) como fuente de inspiración, como leitmotiv, como referente para y referencia de su obra, como principio firme del fenómeno artístico, en definitiva, como la auténtica –eso sí, que no única– verdad de la creación artística.

Los artistas participantes –una vez más, la confección de la lista definitiva nos ocasionó unos cuantos quebraderos de cabeza y somos conscientes de que estamos en deuda con aquellos que, "habituales" otras veces y nunca olvidados, ahora no nos acompañan– en esta exposición tenían total libertad para enfrentarse a un tema tan apasionante como la Luz (y la Sombra) según su gusto personal y buen hacer, según su particular visión e interpretación del fenómeno lumínico. El tratamiento ha sido –como era de esperar– diverso y muy variado, resultando bien difícil encontrar ejes comunes –aunque algunos hay– en los que agrupar las obras, el conjunto global, de la muestra; del mismo modo que sería imposible encontrarlo entre los grandes maestros del uso de la luz. Además, ya se ha convertido en una seña de identidad de los proyectos en los que nos embarcamos, también se les solicitó un texto, de "libre" pero controlada extensión, en el que nos revelaran, hasta donde ellos consideraran oportuno, en algunos casos con una esmerada prosa, los enredos de sus obras. En definitiva, nuestra intención no es otra que la de acompañar sus obras con sus propias palabras. Pintar, esculpir, fotografiar y, asimismo, escribir. Por todo ello, a los veintinueve artistas que se embarcaron –sin conocer el destino final– en nuestra "entusiasta nave de los locos" –siempre hemos preferido este adjetivo al de "necios"–, nos gustaría dejarles por escrito nuestro más sincero agradecimiento por haber aceptado y asumido con tanto entusiasmo y diligencia nuestra "inocente" invitación. Y, en estas líneas dedicadas a los agradecimientos, no podemos olvidarnos –ellas bien saben el motivo– de Yaiza Cortés y María José Torrens, integrantes de la Unidad de Cultura Científica e Innovación del Centro de Láseres Pulsados.

Una vez más, como, por otra parte, viene siendo costumbre desde hace ya algún tiempo, a este evento cultural se han sumado la Excma. Diputación Provincial de Salamanca y el Excmo. Ayuntamiento de Villamayor –vaya desde aquí nuestro más sincero agradecimiento a Don David Mingo Pérez, su vicepresidente 1º, y a Don Ángel Luis Peralvo Sanchón, su alcalde, respectivamente– sin cuyo apoyo y colaboración difícilmente hubiera podido llegar a buen puerto. Y, del mismo modo, también queremos transmitir nuestro total reconocimiento al Casino de Salamanca –a su Junta Directiva y, en su nombre, a su presidente, Don Pedro Méndez González– por haber hospedado esta muestra en su pequeña, pero ante todo acogedora y entrañable, sala expositiva, sobre todo si tenemos en cuenta que para ello ha sido necesario hacer un auténtico encaje de bolillos en su programación prefijada y fijada hacía ya unos cuantos meses. A todos, por todo, gracias miles.

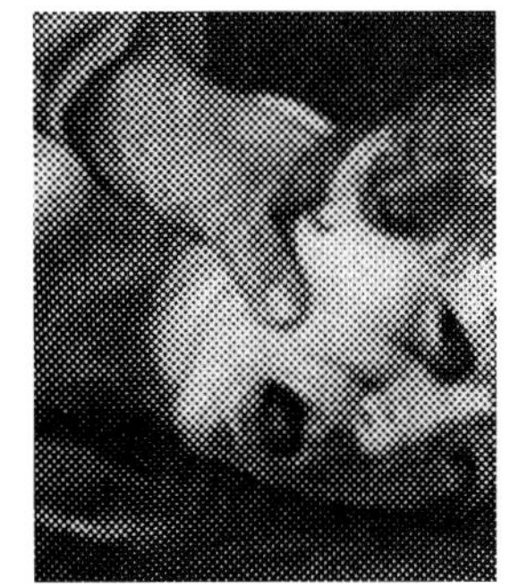

Así, para comenzar estas líneas, se nos ocurre formular en alto, en realidad, en tono muy alto, una sencilla –o, quizás, no tanto– duda, pregunta o, incluso, reflexión: ¿podríamos estar hablando de arte sin la existencia de la luz? Y es que la luz, o por lo menos así lo creemos, se convirtió en un, o en el, elemento primordial e imprescindible desde el mismo instante en el que aparecieron las primeras manifestaciones artísticas, si entendemos como tales las figuras, tanto zoomórficas como antropomórficas, de las cavernas. Aquellos pioneros del arte se valían, en muchísimas ocasiones, de la luz –en unos casos natural; en otros, en los más, cabe suponer, artificial, de aquella que emanaba del fuego– para establecer formas y, sobre todo, para conseguir sensación de volumen, aprovechando los resaltes y ondulaciones de las paredes o del techo de la caverna.

Formulada –pero no contestada, pues no era nuestra intención– la pregunta, no es menos cierto que al pensar en la Luz en la Historia del Arte nuestro primer impulso –sin olvidarnos de las vidrieras medievales, góticas, con las que la luz natural pasaba a tener, al transformarse en luz fingida, sobrenatural, un papel místico en la simbología cristiana– nos

Primeros impulsos: del impresionismo y el luminismo al tenebrismo

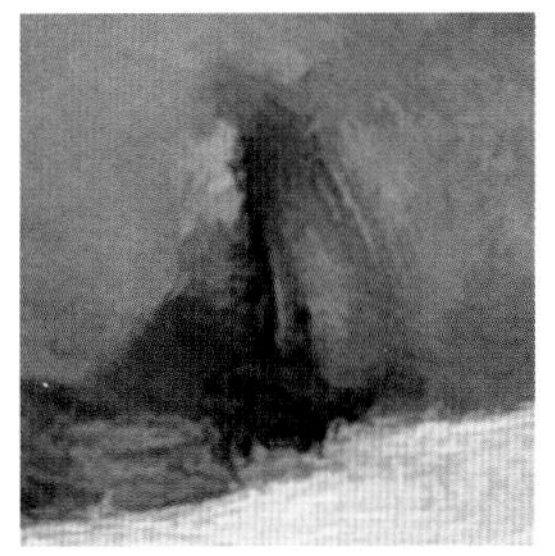

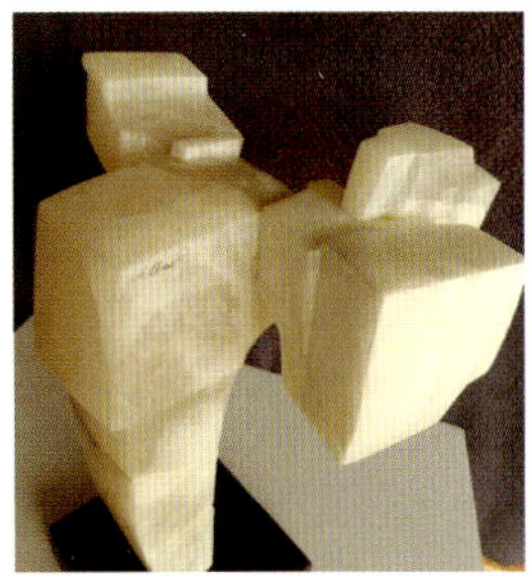

lleva, al igual que las primeras imágenes que llegan a nuestras retinas, al Impresionismo, a ese movimiento pictórico que hizo su personal interpretación de los efectos cambiantes de la luz natural en la pintura al aire libre y que tuvo como uno de sus principales axiomas que "la luz renueva sin cesar el espectáculo de las cosas, con lo que el sujeto del cuadro resulta un tanto indiferente en favor de la luz que lo transfigura", y, por ende, a las obras de ciertos pintores franceses del último tercio del siglo XIX, por ejemplo, de Édouard Manet *(El bar del Folies-Bergère,* 1882), de Pierre-Auguste Renoir *(Baile en el Moulin de la Galette,* 1876), de Camile Pisarro *(Los tejados rojos,* 1877), pero, sobre todo, de Claude Monet, desde su *Impresión, sol naciente* (1872), origen de todo aquello que vino después, hasta las diversas evocaciones de *La estación Saint-Lazare* (1877), de la *Mujer con sombrilla* (1875, 1886) o, por supuesto, de su archiconocida serie *Las Catedrales de Rouen* –verdadero testimonio y monumento a la trascendencia de la Luz en el arte– en realidad, treinta cuadros centrados, como principal protagonista, en la portada occidental de la *Catedral de Notre-Dame de Rouen,* y realizados en distintas estaciones del año, a diferentes horas del día, entre 1892 y 1894, en un intento de capturar en un mismo edificio los cambios provocados por la luz, en definitiva, la propia luz, ese instante efímero que jamás volverá a repetirse, porque, como el propio pintor parisino afirmó: "La luz lo cambia todo".

Algunas de las obras aludidas con anterioridad nos trasladan, como no puede ser de otra manera, a otras que, en alguna ocasión, han sido calificadas como pre o proto-impresionistas. Sin duda, el lector avispado ya se habrá dado cuenta, nos estamos refiriendo, por un lado, a *La lechera de Burdeos,* cuadro pintado por Francisco de Goya en 1827, durante su autoexilio en la referida ciudad francesa y que se

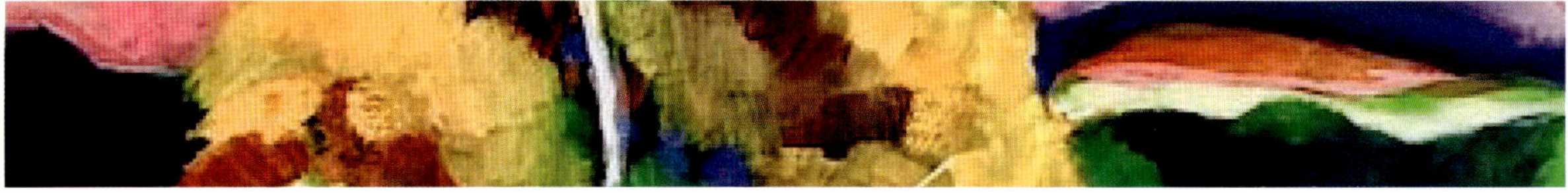

considera un claro precedente de la *Mujer con sombrilla,* y, por otro, a las dos *Vistas de la Villa Médicis de Roma,* realizadas por Diego Velázquez en 1630 en la Ciudad Eterna durante su primer viaje a Italia, es decir, la *Vista del Pabellón de Ariadna o de Cleopatra* y la *Vista de la Logia de la Gruta,* también conocidas como *El mediodía* y *La Tarde,* respectivamente, y que, en verdad, no son otra cosa que dos maravillosos estudios de la luz sobre un mismo elemento arquitectónico, un semioculto, casi velado, vano serliano o palladiano.

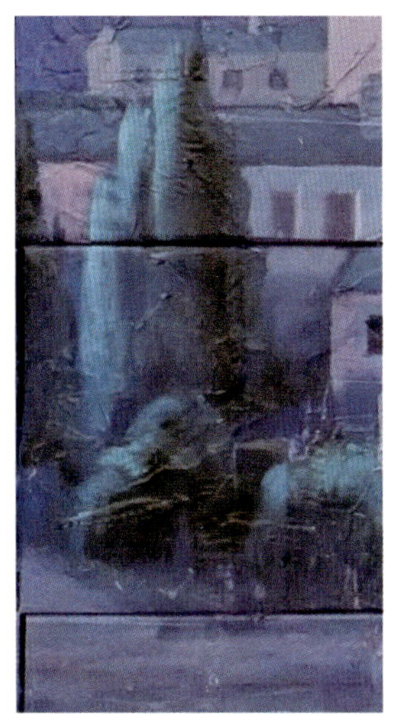

Una obra de uno de esos pintores impresionistas franceses ya citados, en concreto, *El almuerzo sobre la hierba* (1863) de Édouard Manet, le sirve a Cristina Aliste Miguel como sutil referencia para su atrayente y seductora obra, *Santas y pecadoras,* convertida en una hermosa invitación, en acertada opinión de la pintora zamorana, "a la reflexión sobre cómo la luz, tanto literal a través de un neón, como metafóricamente con ese guiño al impresionismo, ha sido un símbolo de inspiración y herramienta clave en la evolución del arte a través de los siglos, conectando al espectador con lo clásico y lo contemporáneo". Y, a nuestro entender, ecos impresionistas destilan también, sin duda, la obra de Juan José Sánchez, *Reflejos del Tajo,* compuesta a partir de cuatro impresiones de un mismo tema –el paso por Lisboa del mencionado río– captadas en distintos momentos, a diferentes horas, del día; la de Isidoro Moreno, *De camino a la Torre Blanca,* magnífico pintor del natural al que siempre le ha interesado, como muy bien nos indica, "la luz y cómo se va modificando conforme pasan las horas y esos desplazamientos del sol a lo largo del día modifican sustancialmente las sombras, y, con ellas, todo lo demás: modelado, espacio, ambiente luminoso. A más luz, más sombra (a nivel del valor pictórico)"; la de Michèle Mariette, *Centelleos,* donde, siguiendo su ameno discurso, "la luz es brumosa, pero el contraste entre el cielo y el agua deja en los objetos la realidad de su presencia y una sensación de misterio… Vibraciones, rocío, brisa, frescura…, todo es posible"; la de Teresa Uribe, *Luz en la senda,* con la que expresa su deseo de "dejarse cautivar por el deslumbrante esplendor del brillo del sol"; la de Arturo Miñana, *Encinas al atardecer,* claro reflejo de su constante interés y

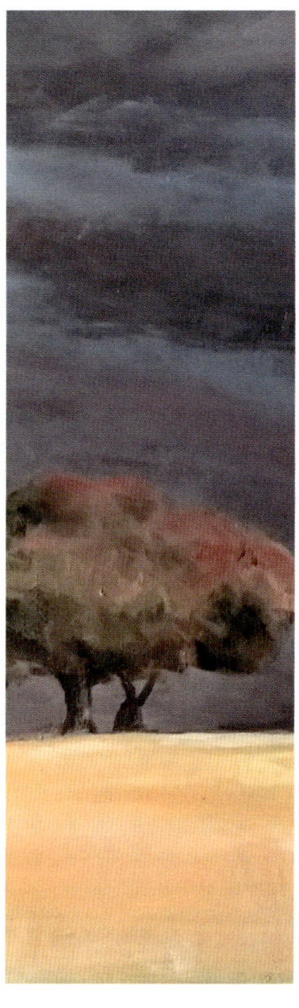

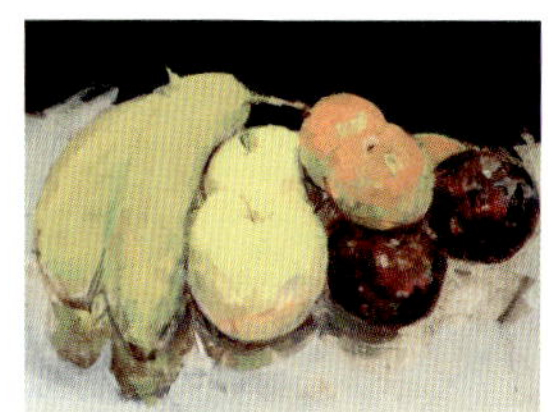

preocupación por plasmar en sus obras la hora del día a la que pinta; y la de Irene Persa (Pérez Sánchez), *Capricho,* en la que, de manera sabia, logró captar el instante en el que, en un día de otoño, "el sol inundó unas praderas verdes por las anteriores semanas lluviosas y en la que los rojos de los árboles ya asomaban, dejando entrever, en cierta manera, que ese momento debía ser apreciado como un regalo para el largo invierno venidero".

Sin querer entrar en controversias –a nuestro entender ya superadas y que, además, no nos llevarían a ninguna parte– cabe reseñar que en España el impresionismo apenas tuvo algunos seguidores reseñables, como fue el caso de Aureliano de Beruete, mientras que el luminismo –el mal llamado en ciertas ocasiones "pseudo–impresionismo español", basado en captar, a partir de una pincelada suelta y colores brillantes y luminosos muy contrastados, la impresión visual de las escenas– tuvo en Joaquín Sorolla un pintor de fama internacional, cuyas obras más características giran en torno al mar, sobre todo el Mediterráneo, y las figuras en la playa, como ocurre en *Idilio marino* (1908), *Niños en la playa* (1910), o, entre otras, *Pescadoras valencianas* (1915). Al respecto, Abraham Domínguez, cuando nos habla de su obra, *En un lugar de Salamanca,* nos dice: "El árbol central, con sus hojas amarillas y verdes, brilla atravesado por el sol del atardecer, recordando la pincelada luminosa de Sorolla, aunque aquí más sintetizada, más contenida".

Por otra parte, al pensar en la Luz (y la Sombra) en la Historia del Arte, entonces, nuestro primer impulso –sin olvidarnos, por ejemplo, de la espectacular estampa, sobre todo por su impactante cambio lumínico del primer estado al último, el quinto, de *Las Tres Cruces* (1653) de Rembrandt van Rijn; de las dos terroríficas y tenebrosas series gráficas de las "cárceles" de Giovanni Battista Piranesi, tanto de la primera, *Invenzioni capric di Carceri* (1749-1750), como, de manera muy especial, de la segunda, *Carceri d'Invenzione* (1761); o de los seis demoniacos y diabólicos cuadros de brujería que Goya realizó entre 1797 y 1798 para decorar la biblioteca del Palacio de la Alameda, una hermosa casa de campo en las cercanías de Madrid, de los duques de Osuna, conocido como "El Capricho"– nos lleva, al igual que las sucesivas imágenes que nos trae la memoria, a la pintura tenebrista o claroscurista del Barroco. Nos estamos refiriendo a esos cuadros caracterizados por el uso de una luz (blanca e irreal) dirigida que, procedente de un único foco lumínico situado fuera del cuadro (generalmente en el ángulo superior izquierdo), incide violenta y forzadamente ocasionando en los cuerpos un fuerte contraste, un marcado claroscuro, con zonas potentemente iluminadas y otras muy oscuras, que conducen a sensaciones realmente dramáticas y que también conocemos como pintura caravaggiesca por haber sido Miguel Ángel Merisi, el celebrado Caravaggio, a quien se le atribuyen los primeros logros. Ahí están, entre otras obras, todas en Roma, *La vocación de San Mateo* (1599-1600), en la capilla Contarelli de la iglesia de San Luis de los Franceses, y *La crucifixión de San Pedro* (1601) y *La conversión de San Pablo en el camino de Damasco* (1604), ambas en la capilla Cesari de la iglesia de Santa María del Popolo. Y una obra suya, *El sacrificio de Isaac* (1603), en la actualidad en la florentina Galería Uffizi, en concreto un fragmento de la misma, quizás el más emotivo y angustioso, el rostro del hijo que va a ser inmolado, le ha servido a Bogdan Chaikovskyi para llevar a cabo su propuesta, en la que el motivo aludido aparece repetido, en palabras del joven pintor de origen ucraniano ya nacionalizado español, "con la ayuda de la serigrafía, a la manera de otro referente en el estudio de los contrastes entre luces y sombras: Andy Warhol. Pero no se alude al Warhol pop de colores brillantes, sino al que utilizó los fuertes contrastes entre el blanco y el negro para dirigir la mirada y separar la figura del fondo".

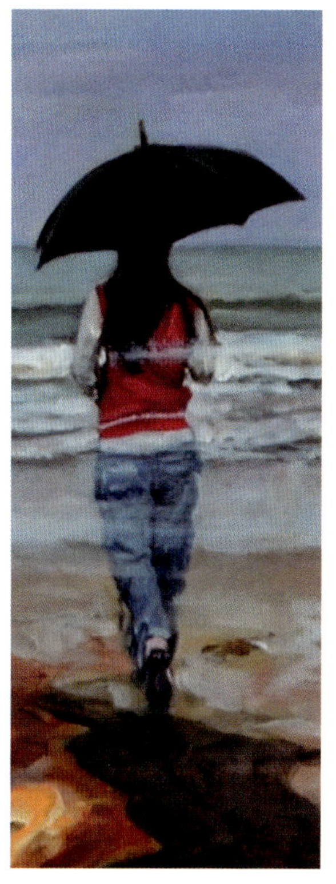

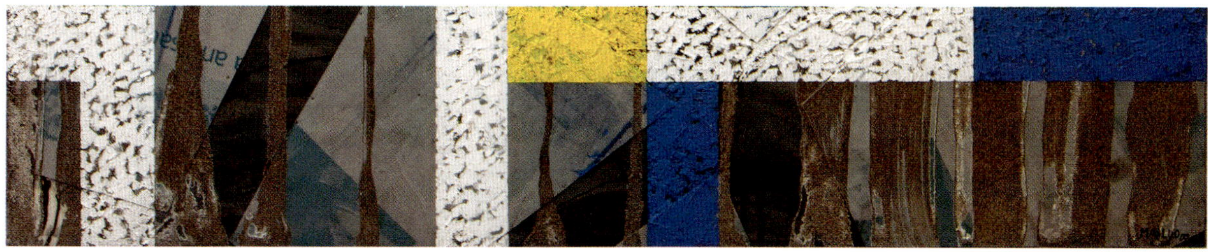

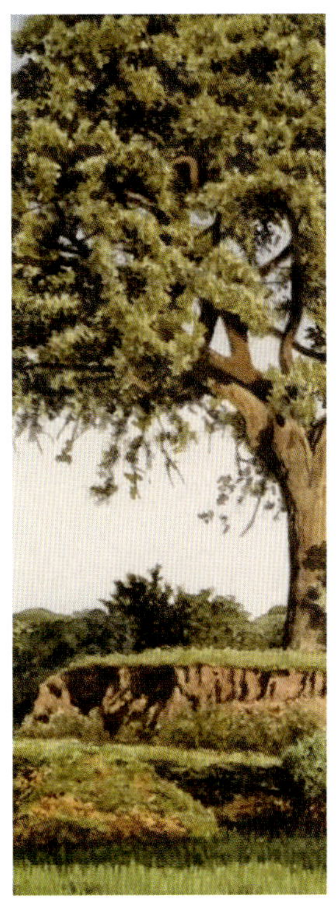

Y si hablamos de tenebrismo y/o claroscurismo es muy difícil pasar por alto la pintura barroca española del Siglo de Oro. Son numerosos, por no decir incontables, los ejemplos a citar, incluso abundan en una temática tan particular como lo es la de las naturalezas muertas, con piezas tan excepcionales como el *Bodegón de caza, hortalizas y frutas* (1602) de Juan Sánchez Cotán o el *Bodegón con alcachofas, cerezas y florero* (1627) de Juan Van der Hamen; campo, el del bodegón, por el que ha optado el pintor salmantino Ángel Luis Iglesias en su cautivadora *Fruta,* en la que la luz cenital se convierte en un actor más, en realidad –o eso es lo que nos parece– en el principal protagonista. Por lo ya apuntado, es decir, debido a la cantidad de obras que se podrían citar, sólo aludiremos a dos cuadros claves de la primera etapa, la sevillana, de Velázquez, *Vieja friendo huevos* (1618) y *El aguador de Sevilla* (c. 1620), a uno de los lienzos más bellos y asombrosos de la producción de Francisco Ribalta, *Cristo en la cruz abrazando a San Bernardo* (1625-1627), y, a nuestro entender, una de las composiciones más espectaculares y llamativas, nos referimos al *Cristo crucificado* –hoy en el Art Institute de Chicago– pintado en 1627 por Francisco de Zurbarán para la comunidad de predicadores de la orden dominica de San Pablo el Real de Sevilla, obra tan admirada por sus contemporáneos por su tratamiento escultórico, por su envidiable tridimensionalidad, que cuenta la historia, o la leyenda, en realidad, el pintor y tratadista español Antonio Palomino (1653-1726), que cuando lo vio, a través de "la reja de la capilla, que tiene poca luz, y todos los que lo ven, y no saben, creen ser de escultura".

Últimos deseos: la ciudad de día y de (y la) noche, la tormenta, que unas veces llega y otras pasa, y, como colofón, varios protagonistas invitados

En más de una ocasión hemos hecho nuestras unas preciosas palabras de Fernando Pessoa, a las que hoy nos vemos obligados a recurrir –a pesar de resultar en exceso reiterativos– por ser un claro reflejo de todo lo que ahora queremos decir. Así se expresaba el literato lisboeta: "un amanecer en la naturaleza existe, un amanecer en la ciudad promete, en la primera te hace vivir, en la segunda te hace pensar". Y en el amanecer del día sitúa Vicente Sierra Puparelli su magnífica y rutilante

fotografía, *Bebiendo gotas de Luz,* pues es entonces cuando, con el alba, el Cazador de Luces –éstas son tan vanidosas como esquivas– se levantó "y se encaminó a la ciudad, casi despierta, buscando esos furtivos destellos matutinos que se cuelan por las esquinas, y desaparecen en un pestañeo. Se escondió, allí, en la plaza de los Bandos, mientras preparaba su trampa de capturar Luces, una pequeña cajita negra con botones y cristales que se abre un instante para que la Luz entre, confiada, y quede atrapada allí para siempre". La ciudad de día aparece asimismo en el estrecho y alargado lienzo de José Antonio Muñoz Bernardo, en su *Farol alicantino II,* en el que el actor principal, el farol de Alicante, "se alza como un guardián solitario que observa la danza de luces y sombras. Su luz amarillenta, cálida y envolvente evoca, seguramente, destellos del Mediterráneo y reafirma su historia particular". Por su parte, Belén Cobaleda en *Cobalto III* nos muestra un edificio en construcción, al igual que en el resto de piezas que componen una piranesiana y –en su conjunto– colorista serie titulada *La luz como elemento constructivo,* donde "el color y la luz", en palabras de Izaskun Monfort, "se convierten en atractivos cimientos que disipan cualquier sensación negativa". Y, a su vez, varios han sido los artistas que, tras la supuesta promesa, tomaron la decisión de pensar acerca de la ciudad, no la del amanecer, más bien la de la noche. Este ha sido el camino seguido por Alfonso Cuñado en *Luces de la ciudad,* obra en la que plasma el momento en el que la luz natural del día llega a su fin –esa luz crepuscular, como la calificamos hace ya unos años, de sus paisajes urbanos– y "da paso a una sinfonía de luces artificiales que se encienden… Las luces nocturnas se convierten en las verdaderas protagonistas del paisaje urbano". Y otro tanto podemos decir de Carlos García Medina, al que siempre le ha impactado la luz que

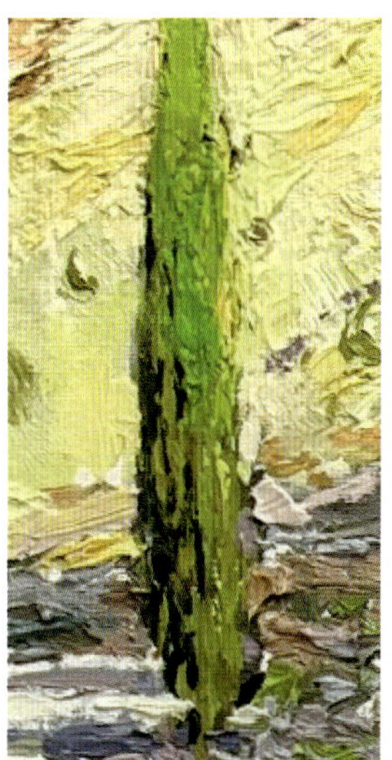

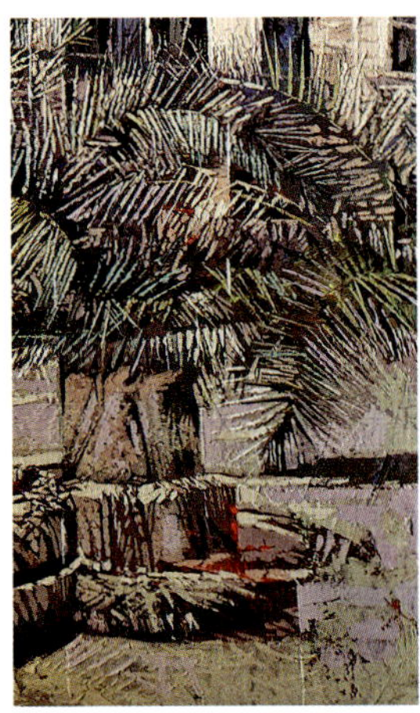

proyecta Selene en cada una de las fases del ciclo lunar, sobre todo en cuarto creciente, como ocurre en su *Luz de Luna*, cuando lo envuelve todo con "unas tonalidades raras, muy sutiles, que a veces parecen irreales". También es ella –sólo podía ser ella– la que se convierte en la principal protagonista de la obra de Jerónimo Prieto, si bien es cierto que en esta ocasión el pintor, en su *La luna nueva,* ha elegido otra fase, la que marca el inicio de cada ciclo lunar, porque, a su entender, "La luna nueva ilumina el ambiente para poder reflexionar con tranquilidad, para poner por escrito tus sensaciones y para iniciar los planes por los nuevos derroteros elegidos". Y, mientras tanto, "la luz disipa las sombras del miedo" en *Juego de luces,* la sobrecogedora –y no menos misteriosa– obra de Patricia Castro, a la par que el *Rayo* de Carlos Civieta, que a la vez nos habla de luz y sombra, "abre una grieta en el oscuro cielo", alertándonos de la *Tormenta,* que se acerca o que quizás ya se aleja y que Salvador Yáñez sitúa en el Campo Charro, como antes El Greco la había situado en la Ciudad de las Tres Culturas en su *Vista de Toledo* o *Toledo bajo una tormenta* (1596) o Rembrandt a las afueras de Ámsterdam, en las lacustres campiñas que la rodeaban, en su maravillosa estampa de *Los tres árboles* (1643). Y *Reflejo,* la llamativa obra de María Blanco-Cobaleda, forma parte de su última serie, *Preticor,* término dado al particular olor producido cuando llueve sobre tierra seca, popularmente conocido como "aroma a tierra mojada" u "olor a lluvia".

La figura humana y una de las modalidades más difíciles de la creación artística, el retrato –en el que se ha enfrascado Mario Criado con *Lorenzo,* con uno de sus seres más queridos, su hijo– se han colado en esta fiesta a través de cuatro obras. La tersa y cristalina *Alex, de la serie Ausencias,* de Vanessa Gallardo, alude, así nos lo narra la autora, "a un proceso identitario en el que cada una de las personas que la conforman, registran a través de la luz una huella, una presencia ausente y translúcida que conforma parte de una identidad", mientras que Antonio Varas, en su *Caminamos hacia la luz,* nos habla de eso, de lo que llevamos hablando ya un buen rato, del "deseo enarbolado del buen hacer creativo en busca de la Luz", pero, también de otras cosas fundamentales, de "gentes que retrata con dignidad y amor, con complicidad y entrega". Por último, el peñarandino Alejandro Mesonero en su obra, *El mito,* reflexiona sobre la luz, origen de la pintura, y, en palabras suyas, sobre algo mucho más complejo, la luz del conocimiento, recordándonos, respectivamente, una historia de Plinio el Viejo, la de una muchacha de Corinto, y el manido y repetido mito de la caverna de Platón.

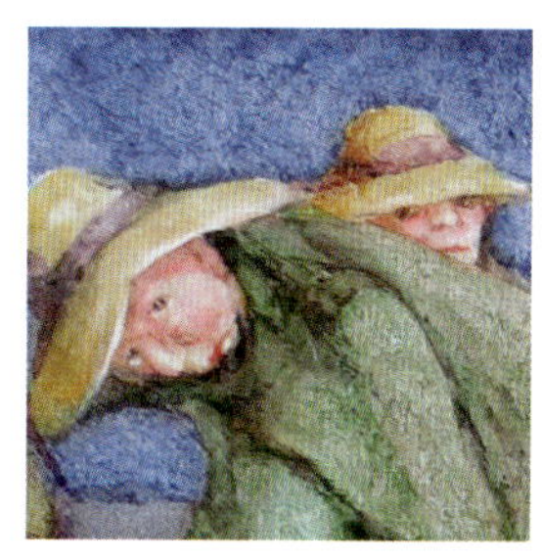

Los artistas de esta muestra tampoco han sido ajenos a trabajar la luz y con la luz alejándose conscientemente de la figuración, acercándose así a la abstracción. En esa línea se pueden encuadrar –siempre según nuestro entender, sin preguntar a la autora o a los autores– *Luces de San Lorenzo,* donde la abulense Parada Morollón se emociona al ver, en esos días de verano, "los fragmentos incandescentes de otros planetas, otras estrellas desaparecidas, entrando en nuestra gran barrera que es la atmósfera soltando sus haces de inmensa Luz", y *Nexos-08023,* una de las piezas de ese proyecto artístico en el que Florencio Maíllo reunió un nutrido número de obras sobre cuyos fondos, "que remiten a la herencia pictórica del autor y aportan una dimensión referencial, táctil y narrativa, se superponen formas geométricas abstractas inspiradas en el pixel art: patrones de cuadrados planos, sin contenido figurativo, que interrumpen y transforman la lectura de la imagen subyacente. Este contraste refuerza la tensión entre lo real y lo simbólico, entre la representación analógica y la construcción digital". Y otro tanto podríamos decir de *Rumor,* esa sutil y delicada escultura –como las que viene esculpiendo en fechas recientes– tallada por Ignacio Villar en la que la luz acaricia, resbala, muestra, llena, penetra y dialoga con el alabastro, "como si estuviera profanando un lugar reservado únicamente a la *obra* y a su autor".

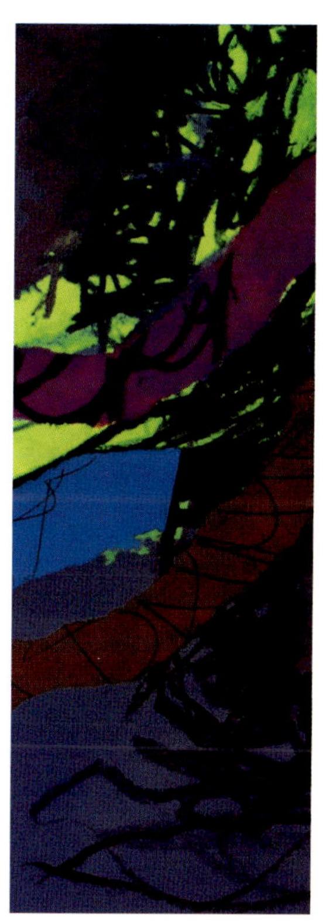

Y como últimas invitadas de estas líneas hemos dejado a la alicantina Lidia Martín Pinzolas y a la canaria, natural de La Laguna, Aída Rubio. En *Apeirón,* obra de LMP, en esa vibrante y exuberante flor que estalla en múltiples pigmentos cálidos entrelazados con sombras insinuadas, "la luz no se representa: se despliega. Vibra en cada trazo, en cada capa translúcida de color que se superpone como una memoria del instante… la obra no ilumina un objeto; se convierte en luz misma". En *Sueño REM,* la pieza de AR, su creadora ha optado por iluminar imágenes dentro de una caja de luz buscando que ésta "se repartiera de manera homogénea" y tomando "la luz como materia para recrear un ambiente en el interior de la caja. Al mismo tiempo, la luz actuaría como veladura sobre la pintura que había realizado previamente, luz sobre pigmento".

Epílogo

Al escribir estas páginas en el tintero ha quedado referirnos a la noche pintada de día, es decir, a la bóveda astrológica de la primera gran biblioteca y después de la capilla del Estudio salmantino, el llamado "Cielo de Salamanca", al Cenotafio de Newton proyectado por Étienne-Louis Boullée en 1784 –cuya superficie se encuentra hábilmente perforada para que durante el día los rayos de luz entren en su interior y parezca la imagen nocturna de la bóveda celeste, mientras que de noche un gran foco de luz artificial en su centro reproduce la imagen diurna–, a la pintura veneciana del Cinquecento, con la que los fenómenos de la reflexión de la luz en la materia, tanto la especular (cuando la superficie en la que rebota la luz es lisa y pulida) como la difusa (cuando la superficie es rugosa) se convirtieron en asuntos centrales. Se pasó a defender que la visión del objeto artístico resultaba de la combinación del color y la transparencia, estando la percepción del color condicionada por la luz, la oscuridad y el brillo, observación que está en el origen de las veladuras. El fin era evocar

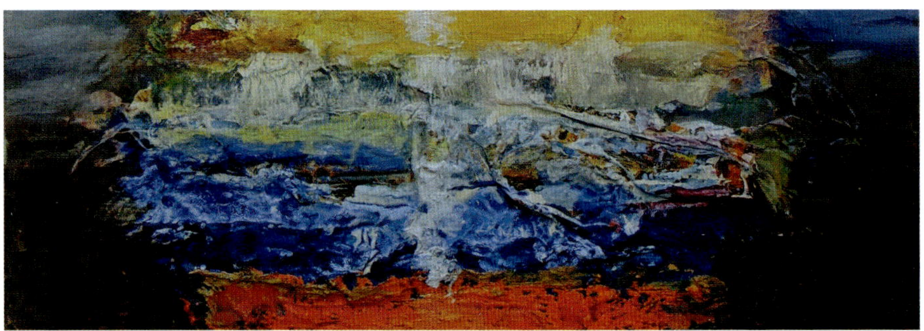

la apariencia de los cuerpos del mundo natural, proceso en el que era imprescindible comprender y trasladar los efectos de la luz al incidir en la materia para que el espectador reconociera las sustancias como tales, "como deben ser", como decía Aristóteles. En definitiva, ese arte para evocar la ilusión óptica de la materia consistía en modificar la apariencia del color controlando la caída de la luz en el conjunto de la obra y dominar así las interacciones entre todos sus componentes. Y ese es el camino que siguieron pintores como Giorgione, Sebastiano del Piombo, Tiziano y, sobre todo, Tintoretto. Y para otro momento queda uno de los estudios de la Luz y la Sombra más alucinantes y espectaculares, *El soplón* o *Muchacho encendiendo una candela,* pintado por El Greco, posiblemente durante su estancia en el Palacio Farnesio, en Roma, hacia 1570-1575, y que hoy atesora el napolitano Museo Nacional de Capodimonte.

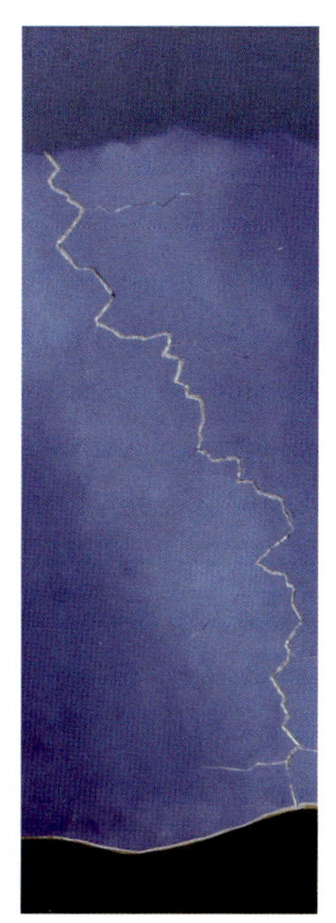

En definitiva, presentadas en el montaje expositivo las veintinueve obras seleccionadas –gracias a las cuales pasa ante nosotros parte de las artes del más reciente panorama artístico de Salamanca– distribuidas en varios apartados independientes, pero siguiendo –esa ha sido nuestra intención– una premeditada e intencionada taxonomía –impresionismo, luminismo, tenebrismo, la ciudad (de día, en construcción, nocturna), la noche, la tormenta, la figura humana, el retrato, la abstracción, *Apeirón* y *Sueño REM*– que, en ocasiones, ha resultado harto difícil, por no decir que imposible, de mantener.

Cada visitante tendrá sus preferencias en esta muestra marcada por su destacada calidad artística, por la experiencia acumulada y también por su altísima –esperamos que nos permitan el recurso fácil– carga lumínica, que, sin duda, suscitará, de manera muy especial, una profunda emoción estética. Y para concluir –que ya va siendo hora– hacemos nuestras dos frases, las últimas, de uno de los textos de uno de los artistas de esta exposición: "Siempre hay una Luz para ti. Si ya la hallaste, disfrútala, y, si no, que la encuentres pronto" (VSP *dixit*).

Cristina Aliste Miguel

Zamora, 1987

Esta obra es un recorrido sensorial a través de la historia del arte, donde la luz se convierte en la protagonista. La imagen que aparece, extraída de "Almuerzo en la hierba", nos muestra una dualidad entre dos mujeres: Suzanne Leenhoff y Victorine Meurent, esposa y modelo del artista Édouard Manet. Y es que ambas, fueron las modelos que posaron para esta obra.

A medida que el espectador se mueve por la obra, la luz cambia y transforma los colores y la imagen, creando un diálogo entre la abstracción y la representación.

La obra invita a la reflexión sobre cómo la luz, tanto literal a través de un neón, como metafóricamente con ese guiño al impresionismo, ha sido un símbolo de inspiración y herramienta clave en la evolución del arte a través de los siglos, conectando al espectador con lo clásico y lo contemporáneo.

Este concepto no solo resalta la importancia de la luz en el arte, sino que también rinde homenaje a las mujeres, que más allá de modelos y musas, fueron también artistas, aunque muchas hayan permanecido en la sombra.

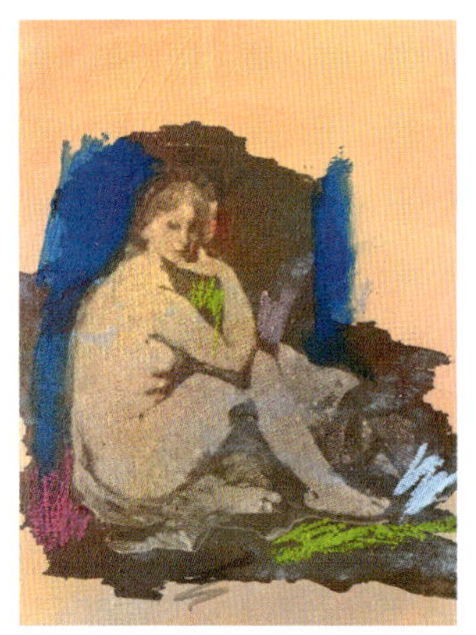 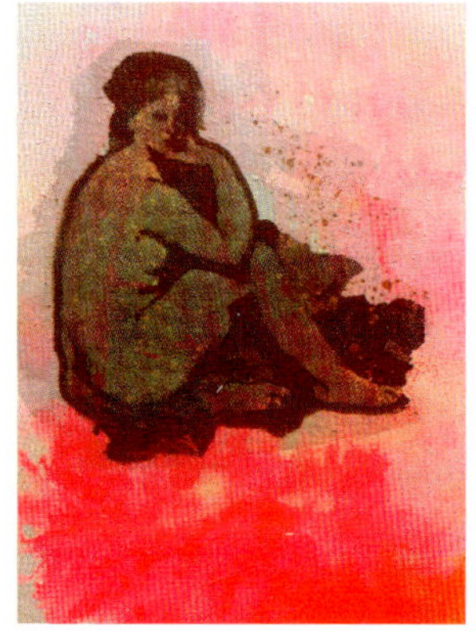

Santas y Pecadoras | 2025 | Técnica mixta y neón sobre lienzo | 100 x 100 cm

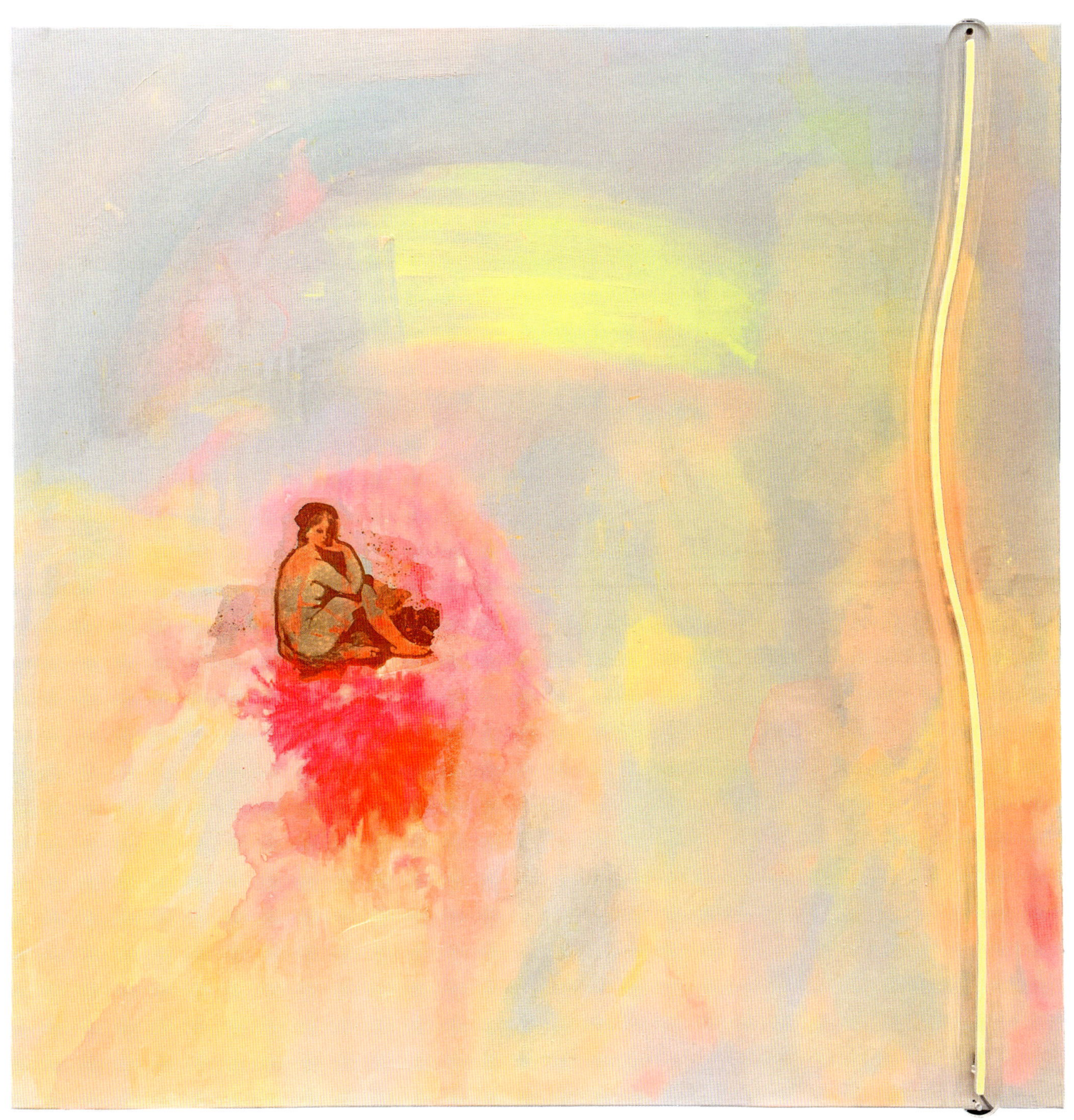

María Blanco-Cobaleda Valdés

Madrid, 1971

Desde mis inicios, mi trabajo giró en torno a la figura humana, explorando su ubicación en el mundo y la carga emocional que la define.

El impacto del COVID supuso un giro en mi obra, trasladando mi atención de la ciudad al paisaje, del entorno construido a lo primordial. El horizonte, el paso del tiempo y la emoción del entorno natural se han convertido en nuevas coordenadas de mi lenguaje visual. En mi trabajo, la imagen y la materia se entrelazan con una sensibilidad casi táctil. La luz y el trazo capturan en la obra la memoria del instante, enhebrando sensaciones y paisajes con la misma delicadeza con la que el tiempo va dejando su huella.

La obra presentada en esta exposición, *Reflejo,* se integra en mi última serie, que llevo desarrollando desde hace un tiempo, titulada *PRETICOR;* término dado, como es bien sabido, al característico olor que se produce al caer la lluvia en los suelos secos que, conocido popularmente como «aroma a tierra mojada» u «olor a lluvia», se define como «el distintivo aroma que acompaña a la primera lluvia tras un largo período de sequía». En definitiva, un paralelismo entre la climatología y la economía como metáfora del paso a tiempos más fructíferos y verdes, además de toda una declaración de intenciones.

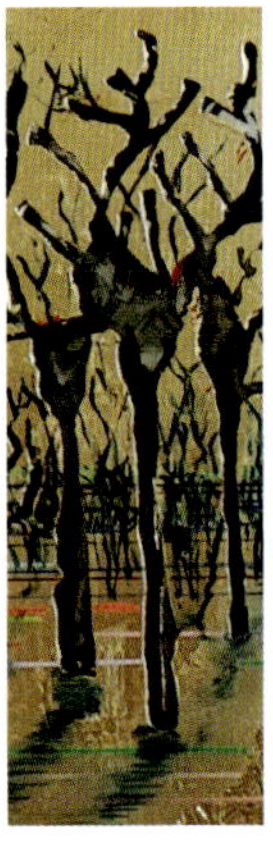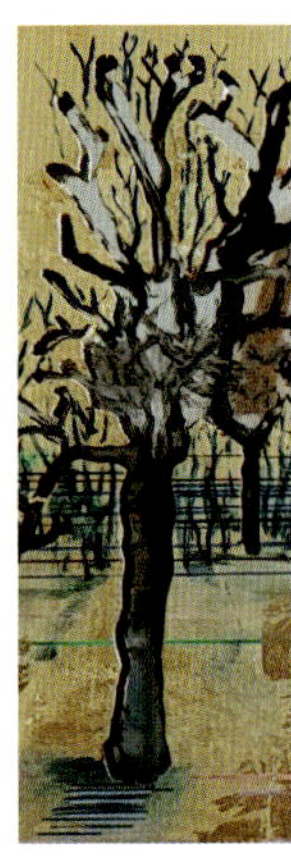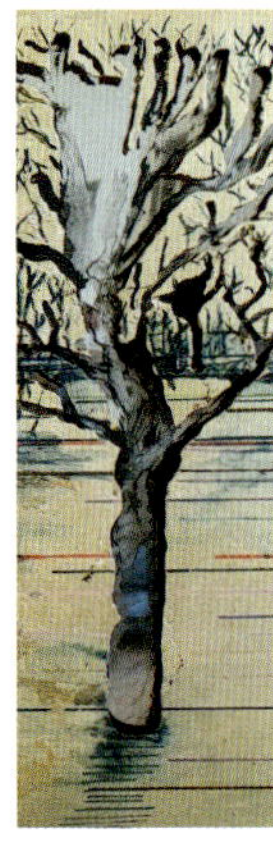

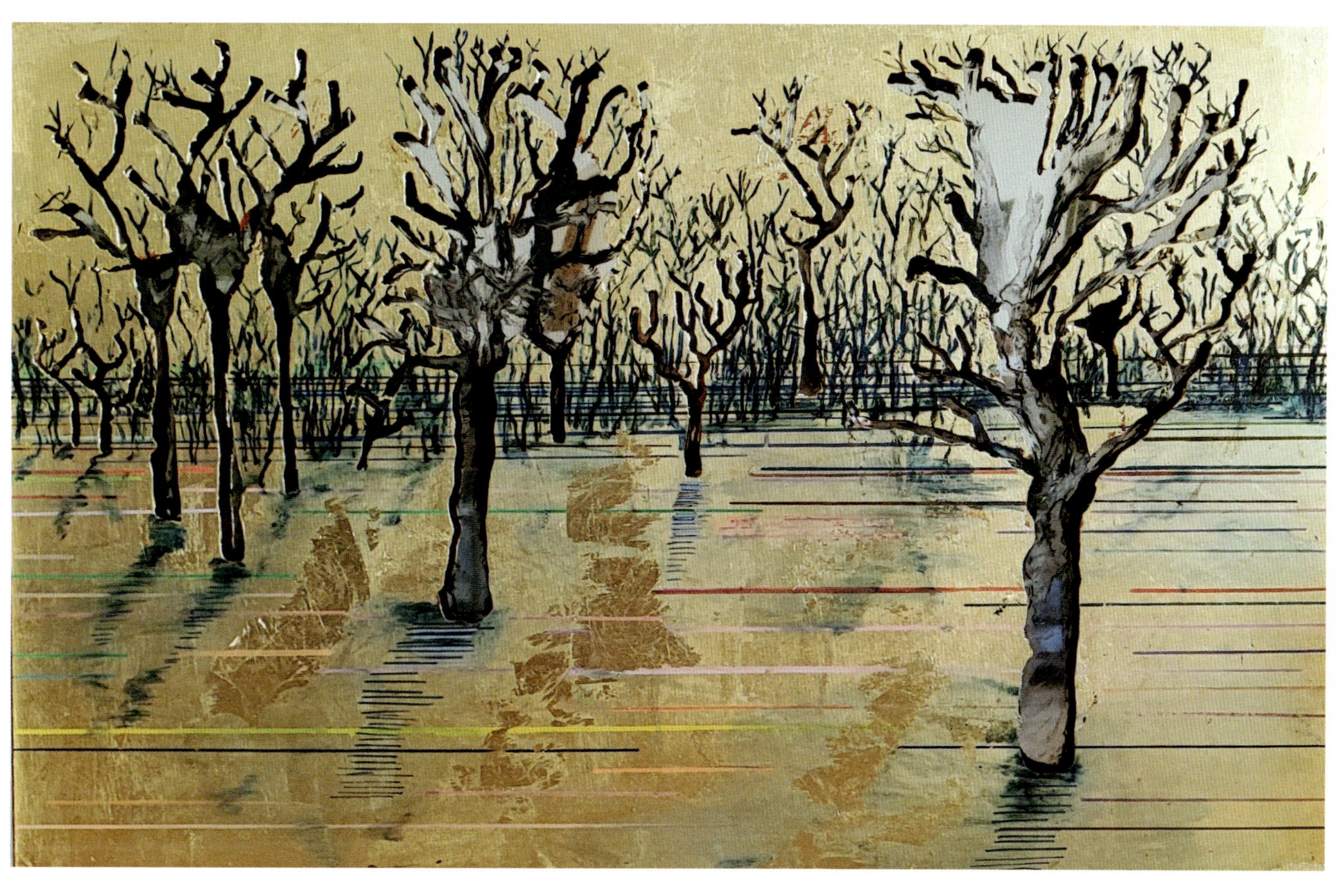

Reflejo | 2024 | Técnica mixta, pan de oro y acrílico sobre DM recortado al láser, plancha de espejo y de plástico
61 x 94 cm

Patricia Castro Díaz
Salamanca, 1977

La luz disipa las sombras del miedo
y nos permite experimentar la verdad de Dios.

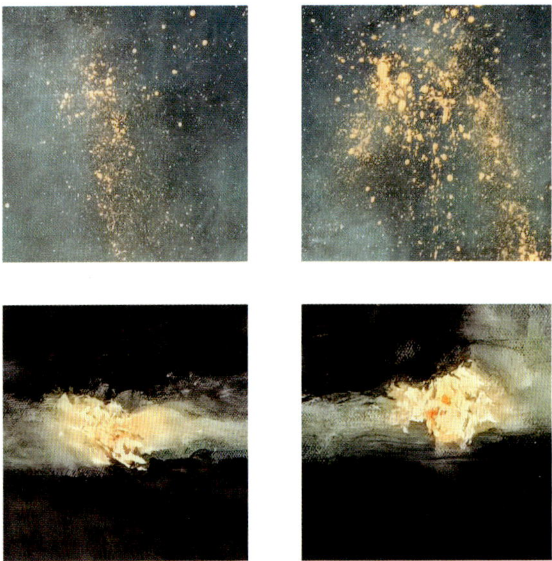

Juego de luces | 2025 | Óleo sobre lienzo | 95 x 75 cm

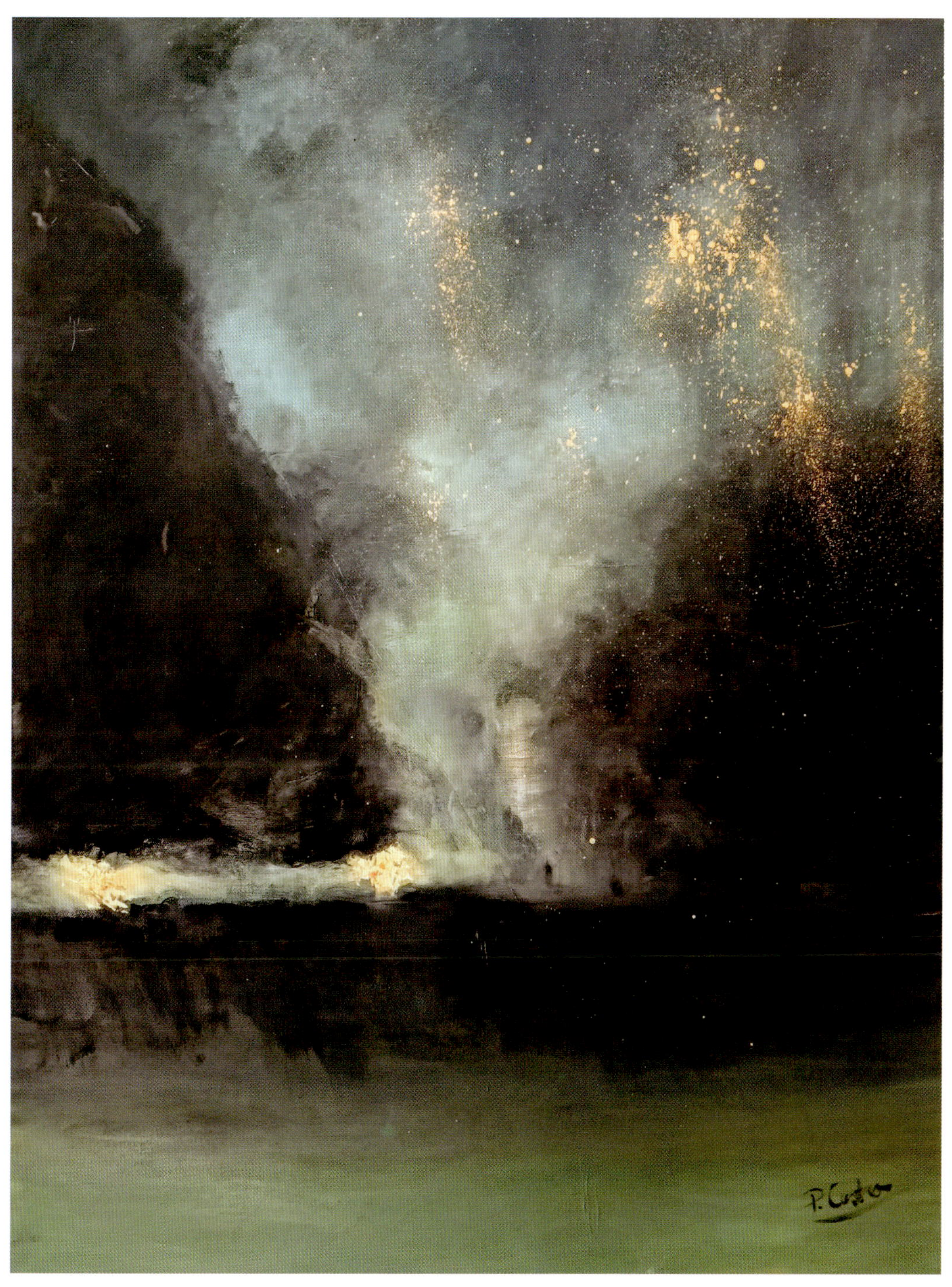
P. Casto

Bogdan Chaikovskyi

Lviv -Ucrania-, 1998

El estudio de la luz ha sido un elemento fundamental a lo largo de la historia del arte. El uso adecuado de luces y sombras puede transformar la percepción de una obra, creando profundidad, énfasis y emoción, y dirigiendo la mirada del espectador.

En esta pieza se hace referencia a uno de los autores fundamentales en el estudio de la luz: Caravaggio, quien, con su técnica del claroscuro, llevó las luces y las sombras al contraste extremo, generando un dramático efecto de profundidad y realismo. Aquí, la obra de Caravaggio aparece repetida con la ayuda de la serigrafía, a la manera de otro referente en el estudio de los contrastes entre luces y sombras: Andy Warhol. Pero no se alude al Warhol pop de colores brillantes, sino al que utilizó los fuertes contrastes entre el blanco y el negro para dirigir la mirada y separar la figura del fondo.

También cabe mencionar otro elemento principal: la fragmentación. Mostrar solo una parte de la escena, en lugar de su conjunto completo, permite concentrar el punto de interés, crear una nueva narración y cambiar el sentido original de una imagen o un acontecimiento. Aislar y recortar la escena intensifica la emocionalidad del rostro y ayuda a separar lo divino de lo humano. La mano del ángel, presente en la composición original, queda fuera del enfoque, de tal manera que la luz ilumina únicamente lo humano: solo permanece la angustia de Isaac. La luz que antes iluminaba la mano divina ahora ilumina únicamente el rostro de la angustia.

A este juego entre luz y sombra se suman las partes en blanco, que contrastan fuertemente con la imagen repetida. Estas zonas blancas aparecen como los huecos de los recortes hechos en la imagen original, como huellas de algo que se ha perdido por el camino.

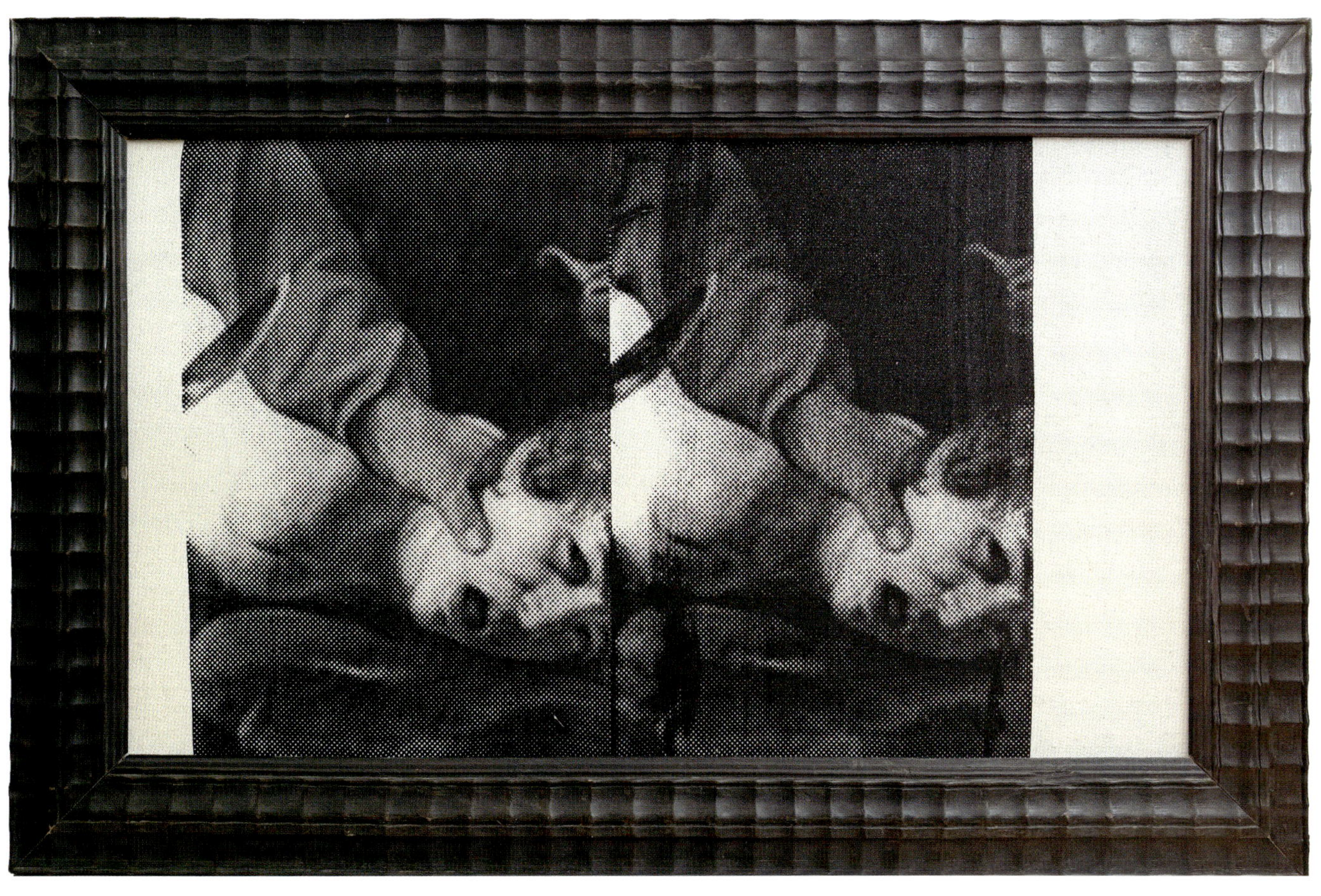

"Sacrificio de Isaac" After Caravaggio | 2025 | Serigrafía sobre lienzo | 57 x 89 cm

Carlos Civieta Rojas

Salamanca, 1949

Luz, belleza instantánea, efímera, indomable. Sorprendente en la sombra de la noche. Cualquier imagen es solo un reflejo de su efecto. A la vez luz y sombra, abre una grieta en el oscuro cielo. Admirado y temido: *Subiros a la cama, no os refugiéis debajo de los árboles, no abráis el paraguas.*

Rayo | 2023 | Técnica mixta sobre tabla | 50 x 50 cm

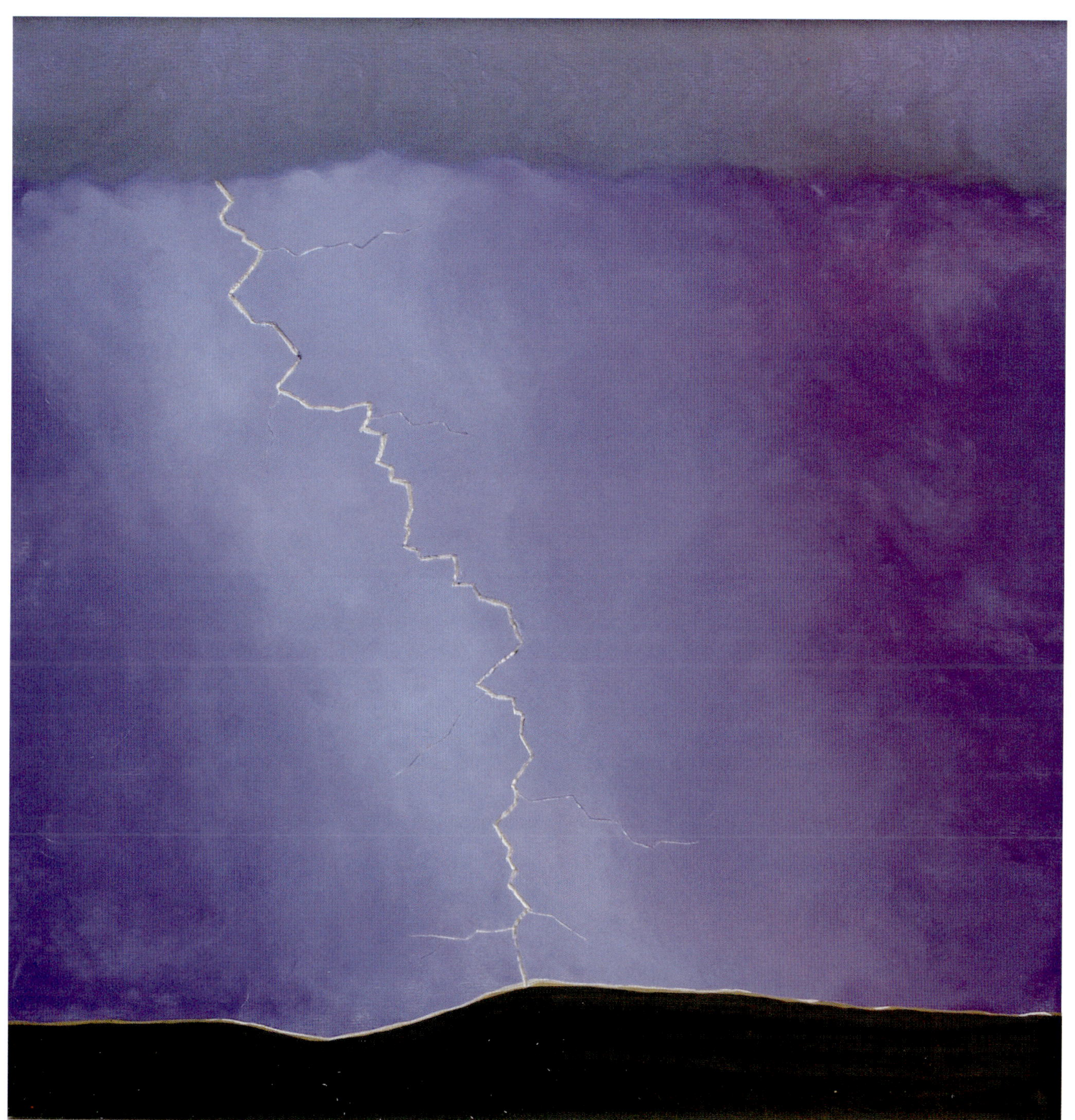

Belén Cobaleda García-Bernalt

Salamanca, 1980

Si bien el paisaje urbano ha sido uno de los géneros que ha acompañado a Belén Cobaleda García-Bernalt a lo largo de los años, esta introducción al motivo en construcción, a este estado circunstancial, no puede más que asombrarnos. La representación de edificios esqueléticos, obras sin terminar, sobre todo ruinas, ha sido muy común en la historia de la pintura, acentuándose durante los siglos XVIII y XIX con los artistas neoclásicos y románticos. Su predisposición a enaltecer los estilos arquitectónicos del pasado y la intención de plasmar ideas como la caducidad de la vida y el paso del tiempo, que todo lo devora, dejó tras de sí un legado cargado de profunda melancolía. Sin embargo, en la obra de Belén no encontramos ni una pincelada que nos lleve a ese estado de ineludible tristeza, más bien todo lo contrario, el color y la luz, como bien deja relucir el título de la serie en la que se inserta esta pieza, "La luz como elemento constructivo", se convierten en atractivos cimientos que disipan cualquier sensación negativa.

Y es que, en manos de Belén, el fino dibujo y el despliegue del estudio espacial se reúnen con una estructurada utilización del color, en la que los atrevidos tonos de diferentes gamas monocromáticas construyen el espacio y el tiempo. Si bien el color impera en cada composición, es este uso tonal el que establece la profundidad, crea campos de luz, reflejos envolventes y sombras macizas, claro ejemplo de que, en el hacer de esta artista, existe un profundo conocimiento –que roza maravillosamente lo intuitivo– de las fórmulas del color, la luz, la perspectiva y la línea.

Izaskun Monfort

Cobalto III | 2024 | Óleo sobre lienzo | 100 x 100 cm

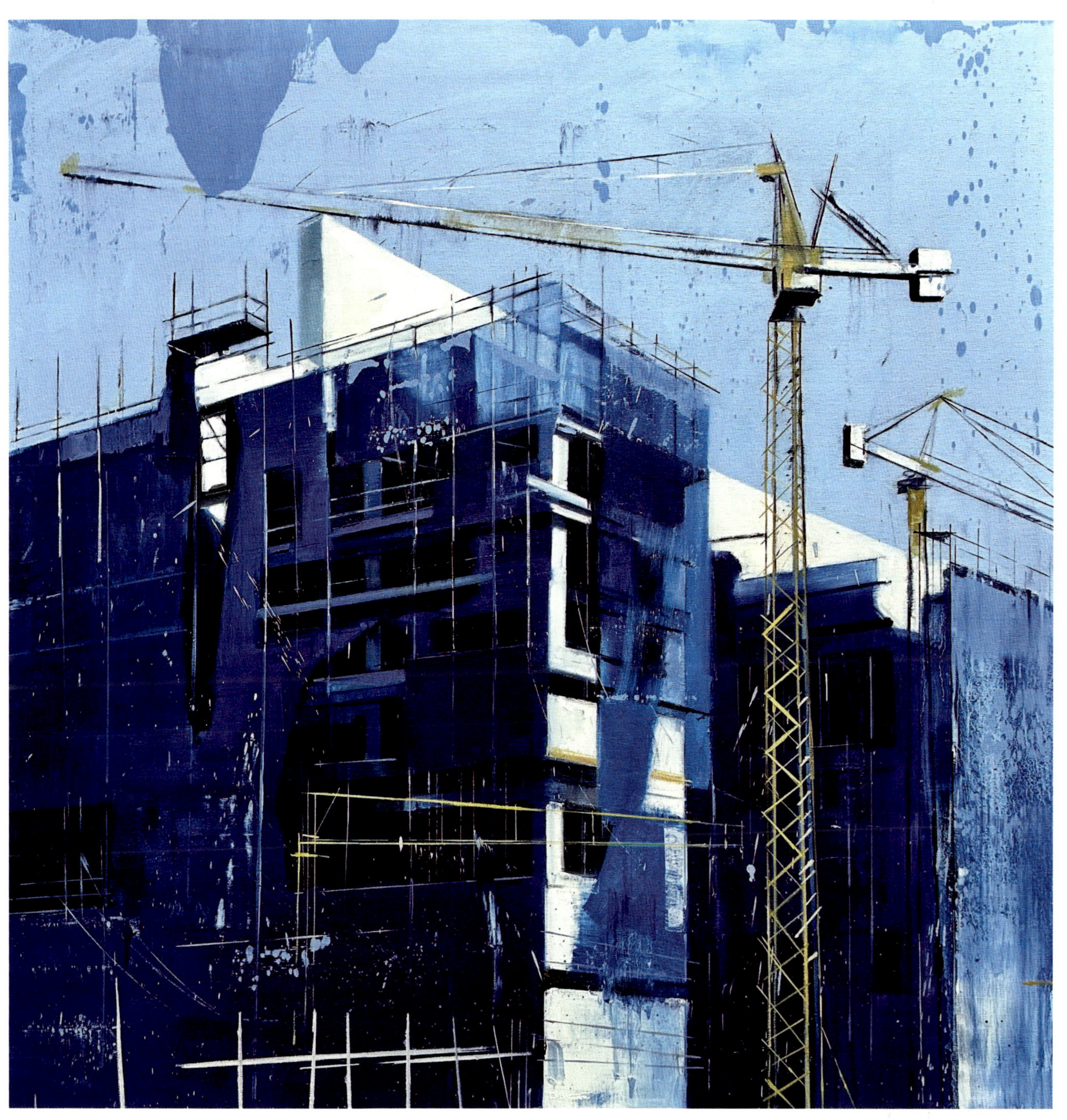

Mario Criado Pérez

Lezo, 1977

Cosas que pienso cuando pinto: ¿cuál es el tema? De verdad, ¿de qué va este cuadro? Porque te agarras a los motivos, generalmente una figura. Un ser querido, algo cercano; la cotidianeidad. Tratas de sacarle la máxima intensidad, pintar con valentía, controlar que no se escape el parecido, jugar con todo. Esa maravilla óptica que es la pintura figurativa. Sí, se parece, ya es bastante creíble. Pero sientes que no, que por mucho que hagas todo lo que hay que hacer, si no te desprendes del deseo, la flecha no da en el blanco. El deseo tuerce la flecha (Chillida *dixit*). Y es entonces cuando me planteo si es eso lo que quería. Lo dejo un tiempo abandonado y me sincero conmigo mismo. Y acabo, casi siempre, tapándolo todo, sacrificando motivos preciosos con blanco de plomo y resinas transparentes. Arrastro la pintura, la aplasto contra el plano; la peino. ¿Qué sucede entonces? Pues que empiezan a desaparecer los motivos y empieza a aparecer, como una revelación, el tema. A veces me doy cuenta. Una obsesión. La vida y la muerte casi siempre. La propia pintura que aparece y desaparece, como una metáfora de lo que es y no es, lo que está y no está. El mismísimo color. La luz.

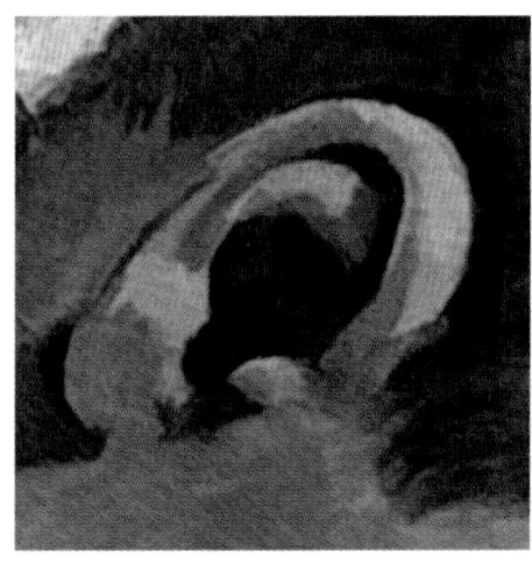 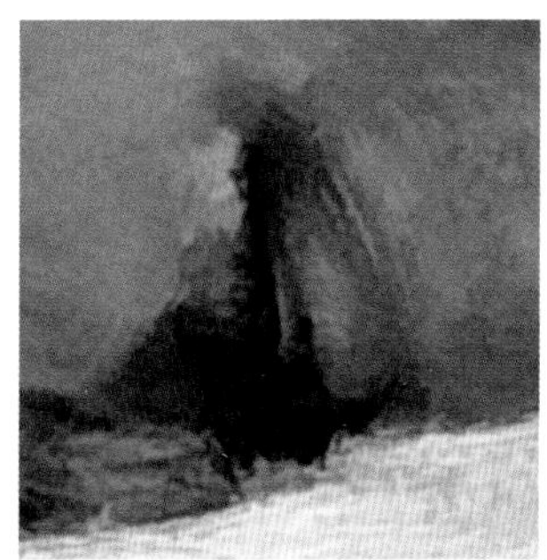

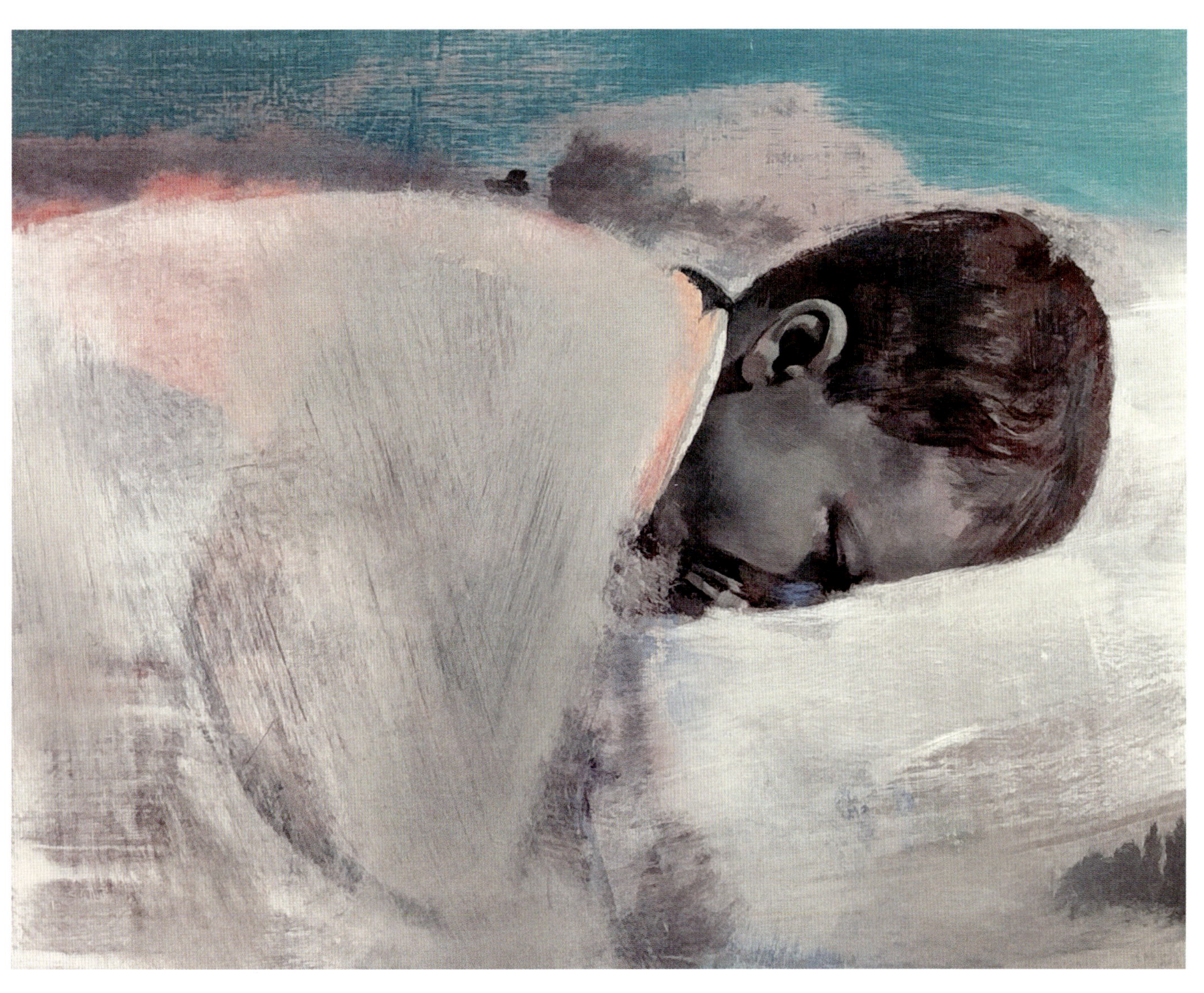

Lorenzo | 2025 | Óleo sobre tabla | 24 x 30 cm

Alfonso Cuñado

Salamanca, 1953

Cuando el día llega a su fin, la luz natural apenas se percibe en el azul del cielo. Es entonces cuando la ciudad cambia de rostro: la penumbra da paso a una sinfonía de luces artificiales que se encienden, marcando el inicio de una nueva dinámica urbana.

Faros de vehículos atraviesan las avenidas con prisa, mientras los escaparates iluminan las aceras con destellos de colores.

Los contrastes se intensifican. Los colores vibran con fuerza en la oscuridad. La ciudad, lejos de calmarse, parece tomar impulso cuando el sol desaparece. Cada rincón vibra con una energía particular, un pulso constante que nunca se detiene.

Durante el día, los protagonistas cambian: trabajadores, estudiantes, turistas… todos dejan su huella. Pero al caer la noche, la escena se transforma. Surgen otros personajes, otros ritmos, otra cadencia. Las luces nocturnas se convierten en las verdaderas protagonistas del paisaje urbano.

Los ruidos se suavizan, pero la vida no se apaga. La ciudad sigue respirando. Sus calles, aún llenas de movimiento, cuentan historias diferentes.

La ciudad nunca duerme. Su latido es continuo, su esencia inagotable.

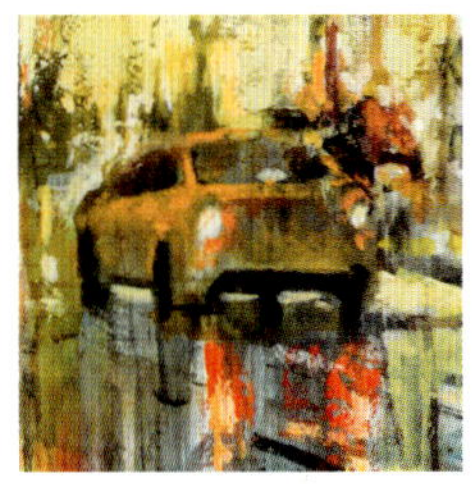 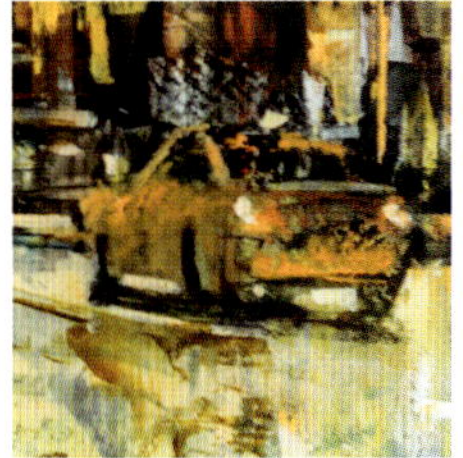

Luces de la ciudad | 2021 | Óleo sobre tabla | 100 x 100 cm

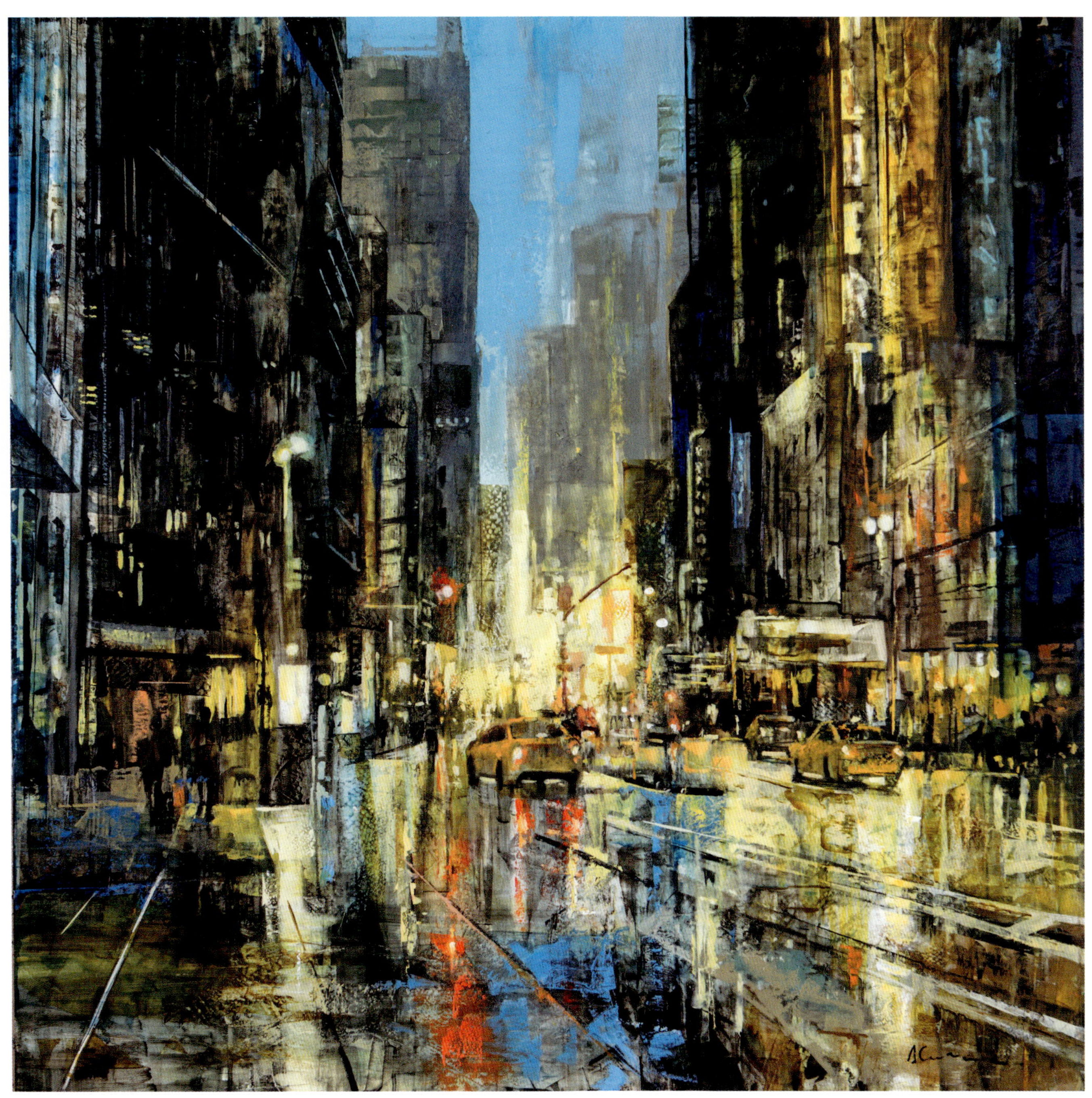

Abraham Domínguez Belloso

Salamanca, 1978

En esta obra la luz de otoño es la gran protagonista: cálida, oblicua, teñida de dorados y púrpuras que transforman el paisaje en una vibración casi musical. El árbol central, con sus hojas amarillas y verdes, brilla atravesado por el sol del atardecer, recordando la pincelada luminosa de Sorolla, aunque aquí más sintetizada, más contenida. A diferencia de Sorolla, que baña sus escenas en una luz mucho más mediterránea y líquida, esta pintura opta por una luz más densa, casi abstracta. El paisaje salmantino se manifiesta aquí desde un tratamiento libre y expresivo del color, que sugiere sin detallar, inundando con los rayos del sol, los colores de los últimos minutos de un día de noviembre. Este cuadro, además, destila una atmósfera muy introspectiva, donde el paisaje se presenta como un canto de luz que empieza a desvanecerse para dejar paso a la oscuridad, simbolizando el tránsito entre la vida y la muerte desde el punto de vista del romanticismo pictórico.

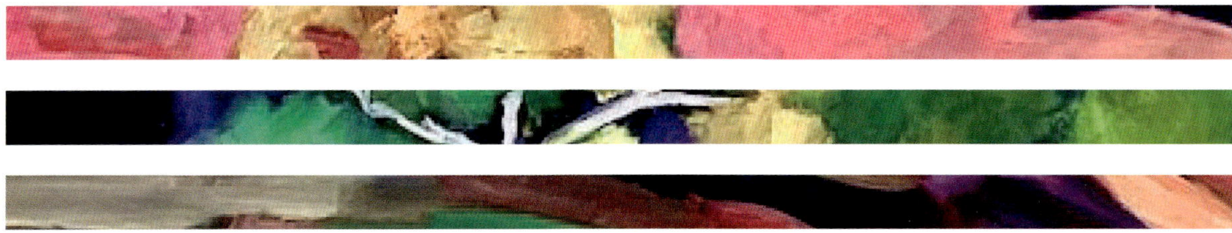

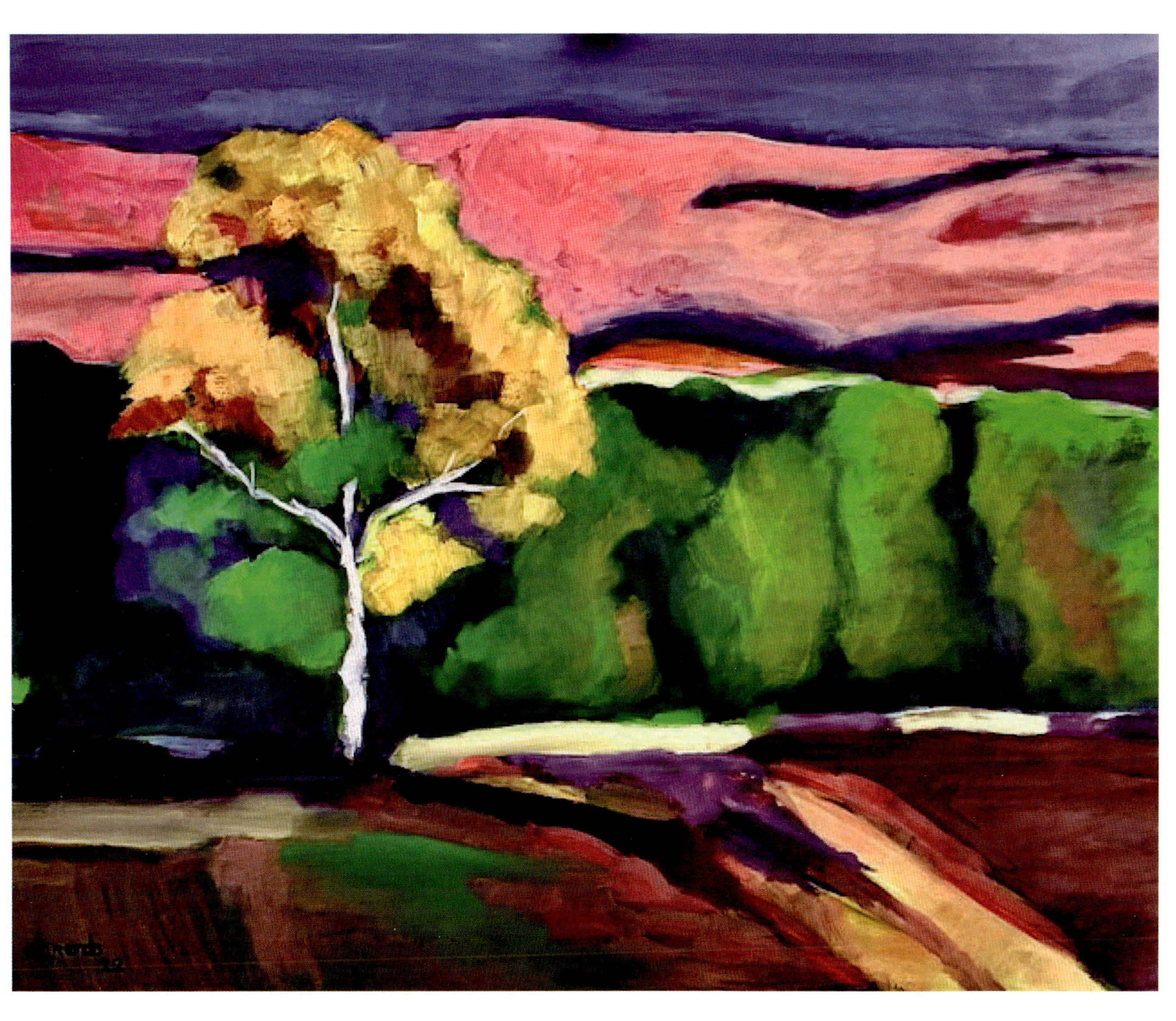

En un lugar de Salamanca | 2022 | Óleo sobre madera | 50 x 60 cm

Vanessa Gallardo

Soria, 1984

"Alex" forma parte de la serie "Ausencias", compuesta por 27 piezas más con las que se alude a un proceso identitario en el que cada una de las personas que la conforman, registran a través de la luz una huella, una presencia ausente y translúcida que conforma parte de una identidad. "Ausencias" es, por tanto, un autorretrato múltiple de los rastros, rostros y esencias que han pervivido en mi memoria, una suerte de aura que cabalga entre lo visible y lo invisible.

"Alex" de la serie "Ausencias" | 2010 | Pigmento xerográfico en resina transparente | 42 x 29,5 cm

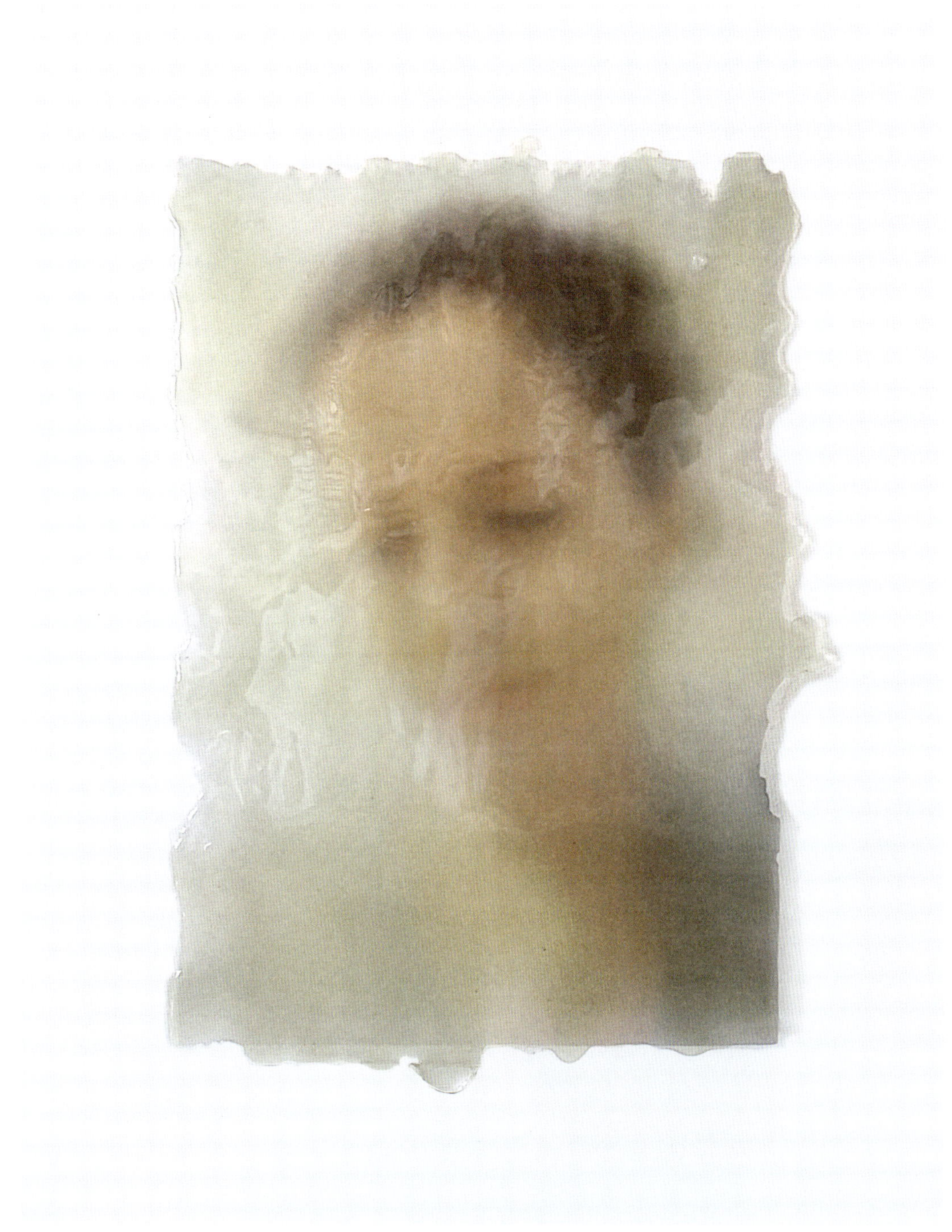

Carlos García Medina

Ciudad Rodrigo, 1958

Siempre me ha impactado la luz que en cada ciclo de la luna proyecta la luna, en este caso creciente, pues envuelve al paisaje de unas tonalidades raras, muy sutiles, que a veces parecen irreales.

En esta obra represento en tonos azulados y violáceos ese efecto que tanto me gusta percibir en los paseos nocturnos, en este caso la composición es de un pueblo con su iglesia y campanario, sus casas y árboles donde resbala la luz selenita, de una forma mágica, onírica y misteriosa.

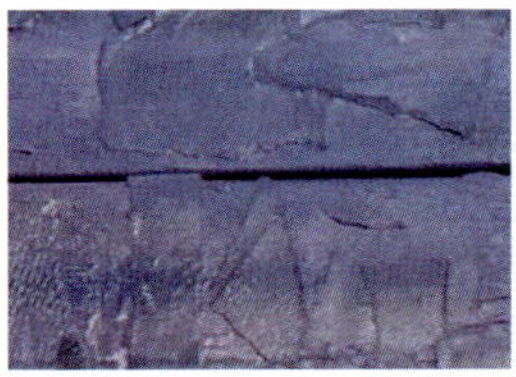
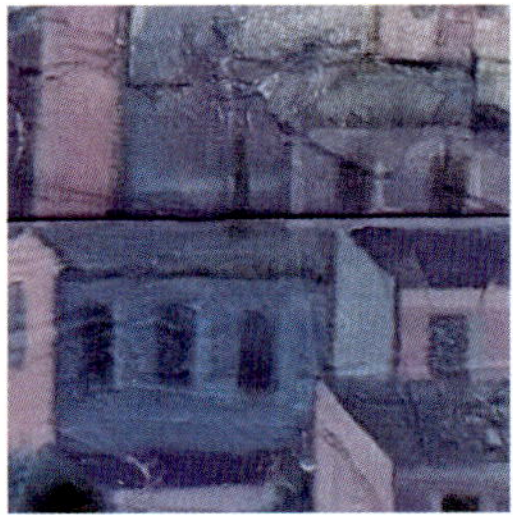

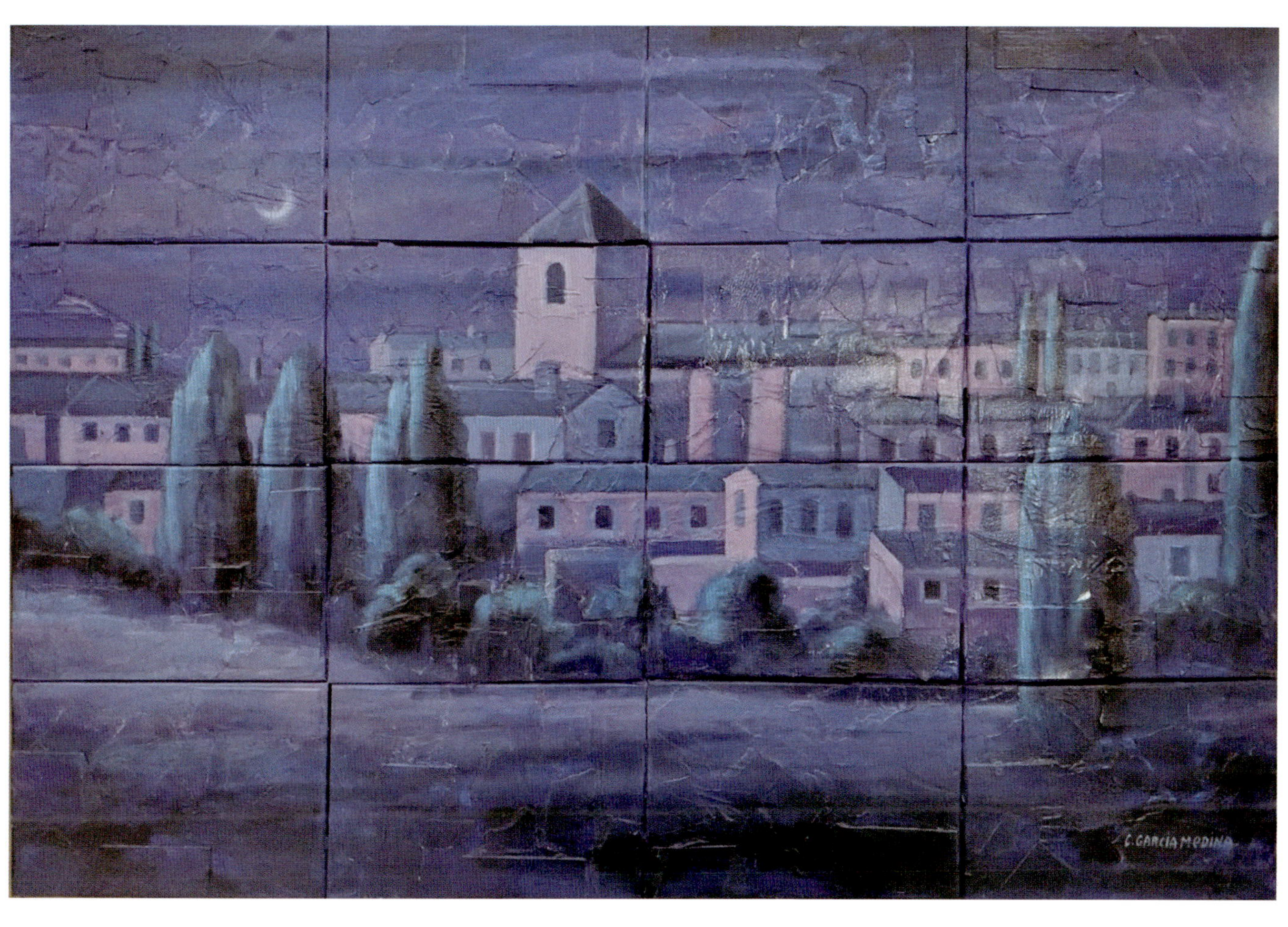

Luz de Luna | 2018 | Óleo sobre lienzo | 80 x 120 cm

Ángel Luis Iglesias
Salamanca, 1977

La luz cenital baña las piezas de fruta que, al incidir en cada una de ellas,
hace que su tratamiento al óleo, con distintas densidades, destaquen sus texturas.

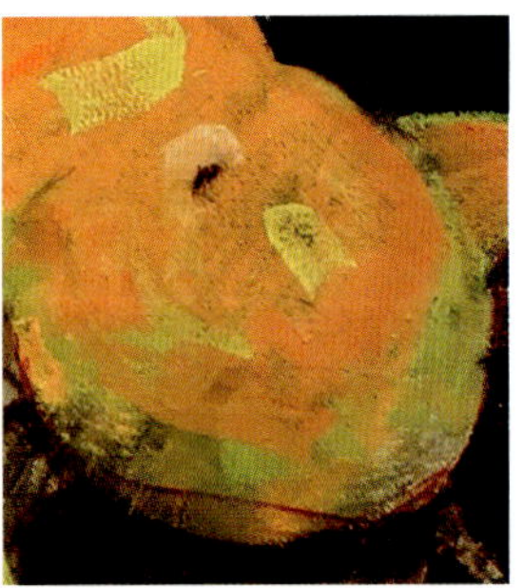 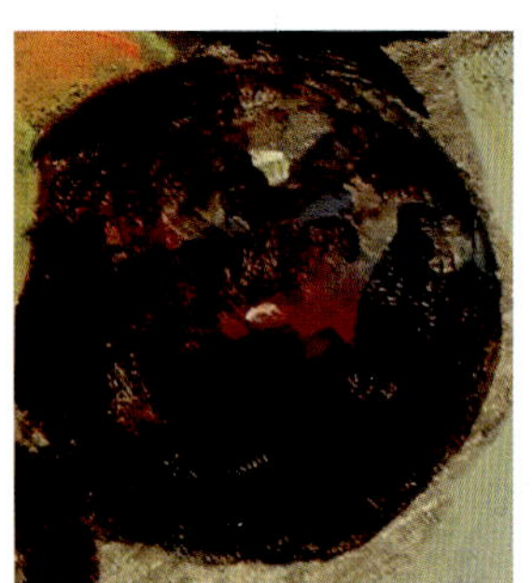 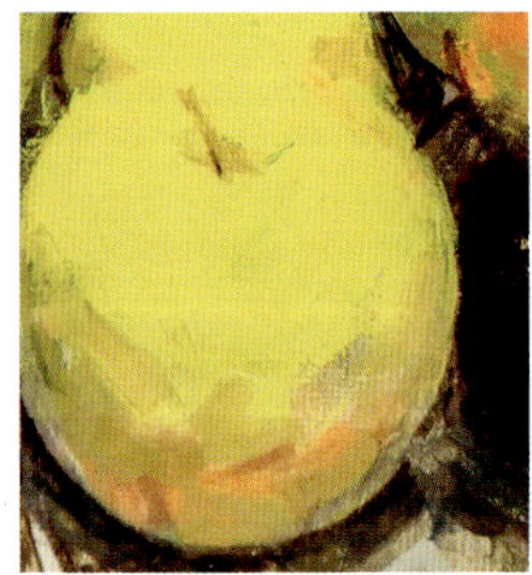

Fruta | 2024 | Óleo sobre lienzo | 65 x 54 cm

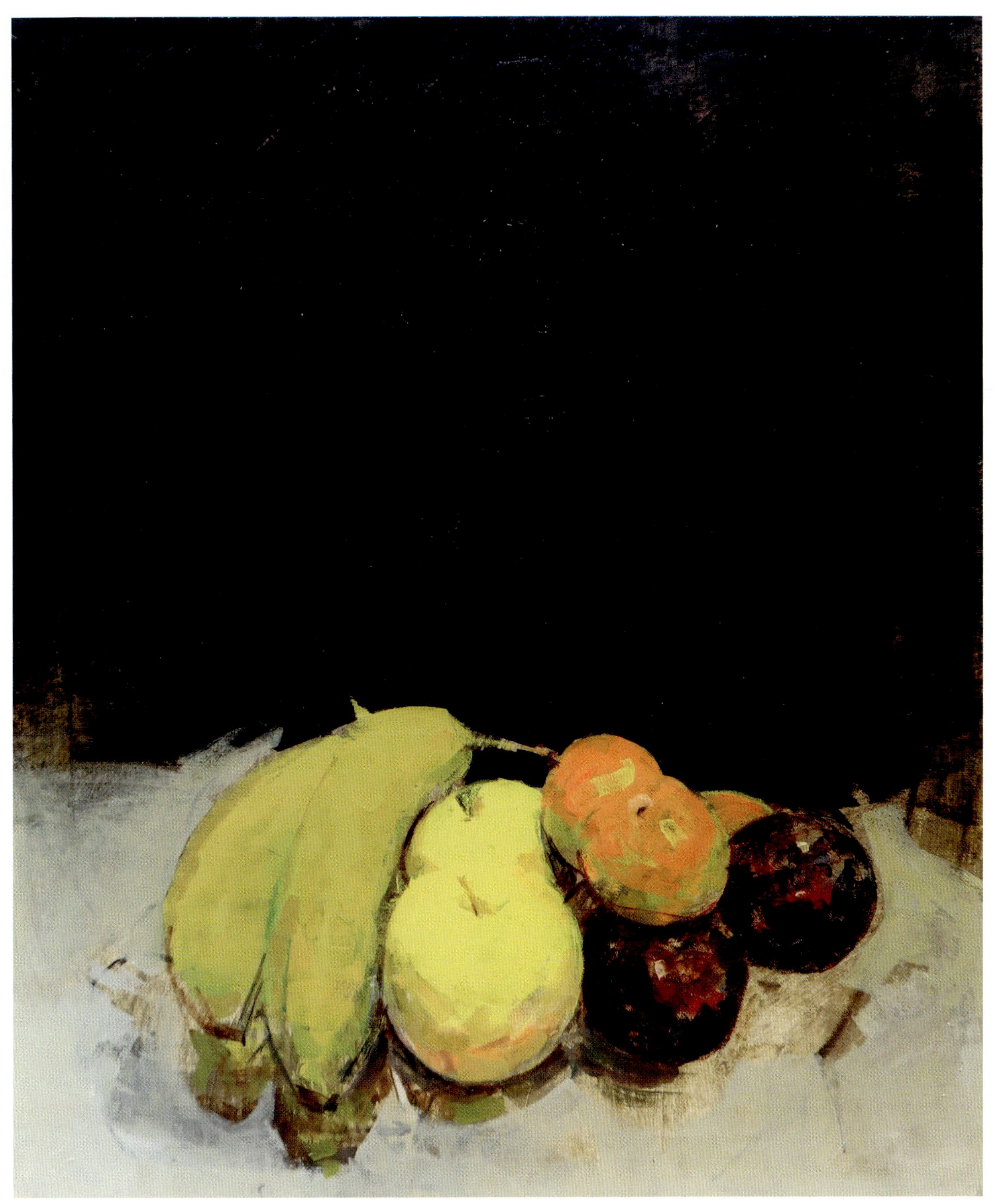

Florencio Maíllo

Mogarraz, 1962

En las piezas de *Nexos*, un proyecto artístico de 2008 que reúne cerca de medio centenar de pinturas en distintos formatos, los fondos presentan imágenes con una fuerte carga de realidad, ejecutadas mediante técnicas matéricas organizadas mediante el dibujo, la pintura, el collage o la fotografía. Estas escenas remiten a la herencia pictórica del autor y aportan una dimensión referencial, táctil y narrativa. Sobre estas imágenes se superponen formas geométricas abstractas inspiradas en el pixel art: patrones de cuadrados planos, sin contenido figurativo, que interrumpen y transforman la lectura de la imagen subyacente. Este contraste refuerza la tensión entre lo real y lo simbólico, entre la representación analógica y la construcción digital.

Los fondos provienen de obras previas inacabadas, recuperadas y resignificadas dentro de esta nueva serie. Así, *Nexos* no solo yuxtapone lenguajes visuales, sino también distintos momentos del proceso creativo, dotando a las piezas de una dimensión temporal y reflexiva. En este contexto, el píxel adquiere un valor tanto plástico como conceptual, actúa como una barrera visual: un velo que restringe el acceso completo a la imagen inferior. Este recurso sugiere una reflexión sobre la pérdida de información, la fragmentación de la experiencia visual y la manera en que lo digital transforma nuestra percepción de lo visible.

Nexos propone una reflexión estética y crítica sobre el lugar de la pintura en la era digital. Aborda los límites entre lo tradicional y lo contemporáneo, entre lo analógico y lo binario. La obra se presenta, así, como un puente –un verdadero "nexo"– entre lenguajes, tiempos y tecnologías, invitando al espectador a cuestionar y reconsiderar su relación con las imágenes que habita, consume y produce cada día.

Nexos-08023 | 2008 | Técnica mixta sobre madera | 100 x 100 cm

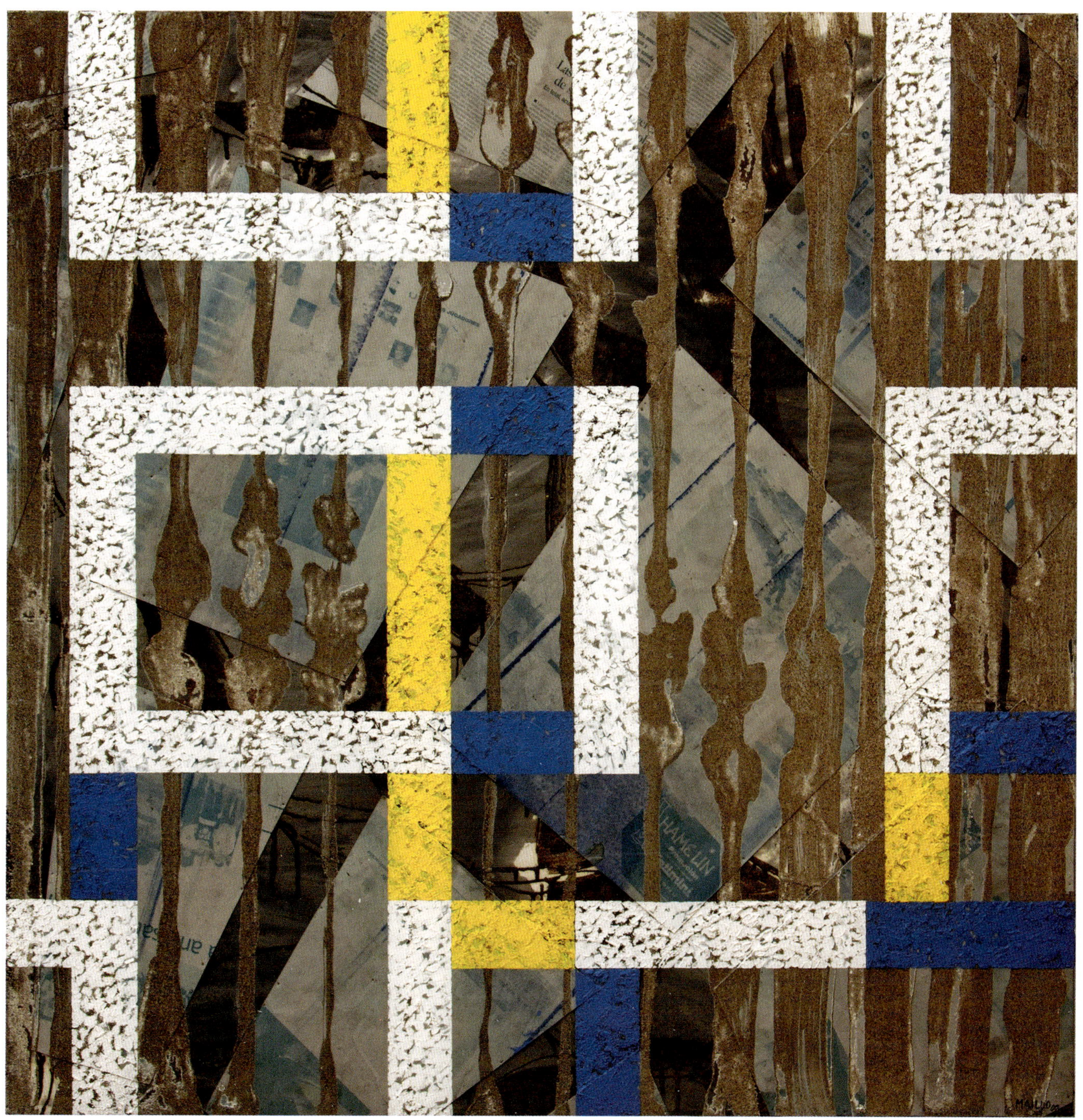

51

Michèle Mariette Lefreve

París, 1951

El problema del pintor es la resolución de los colores y de las formas en la luz, buscando expresar la realidad gracias a los efectos atmosféricos, luminosos y naturales.

La proximidad y los múltiples toques de color constituyen la solidez de las formas y la inmaterialidad de la luz con su impresión de proyección o transparencia.

Aquí, la luz es brumosa, pero el contraste entre el cielo y el agua deja en los objetos la realidad de su presencia y una sensación de misterio. Su observación, cuya esencia es la fluidez y la reflexión, nos acerca a la abstracción con una sensación de inmediatez. Vibraciones, rocío, brisa, frescura…, todo es posible.

La palpitación de la luz, los reflejos, el juego de las sombras proyectadas, las materias y las vibraciones de los trazos logran que la obra sea una forma de plenitud entre la naturaleza sensible y la luminiscencia creativa.

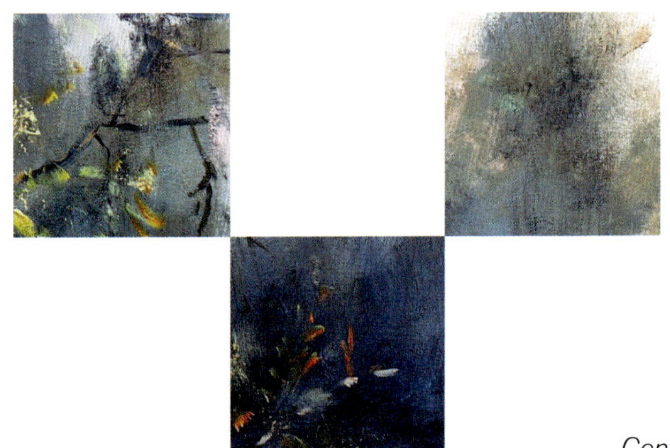

Centelleos | 2020 | Óleo sobre lienzo | 100 x 80 cm

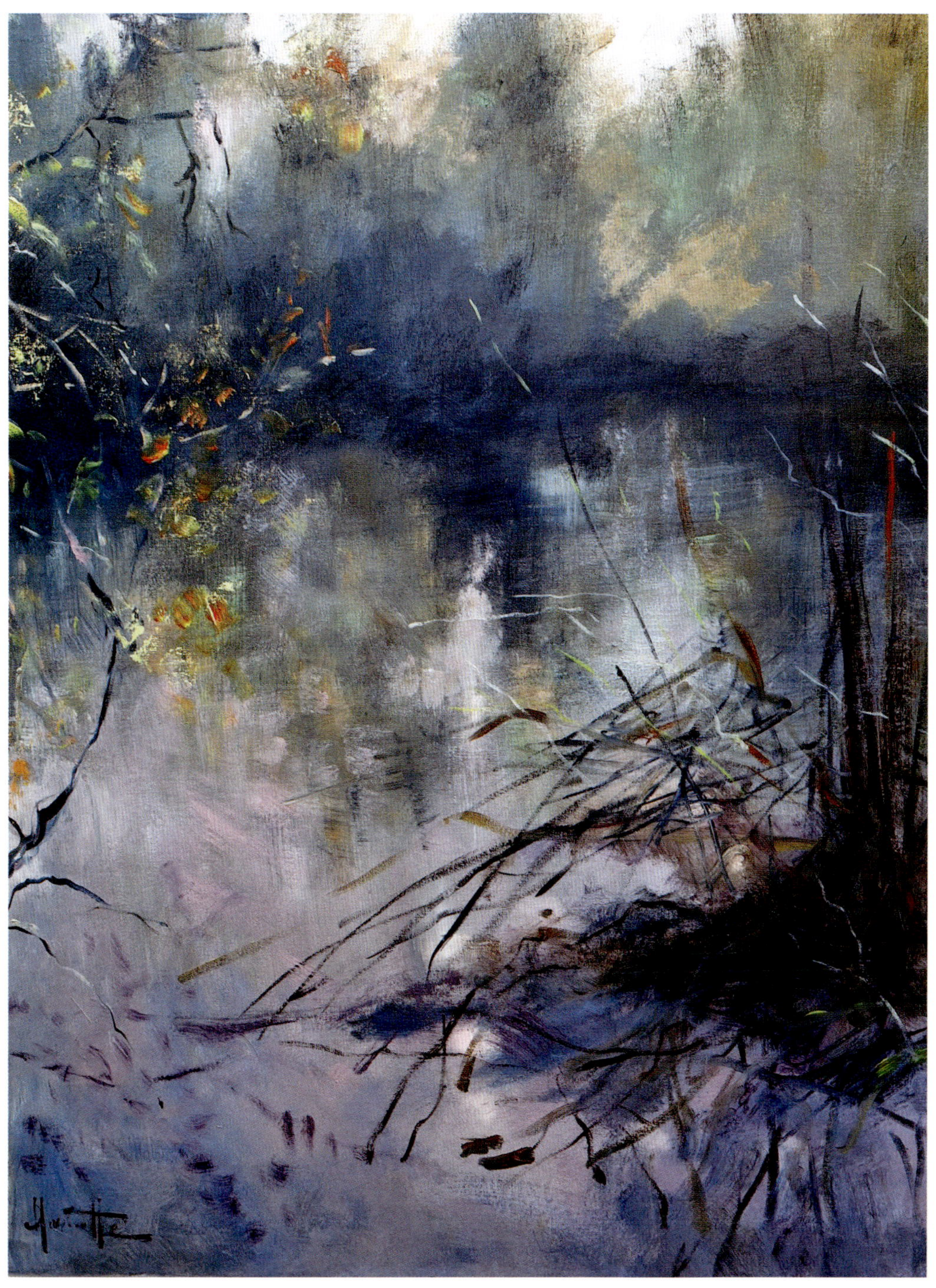

Lidia Martín Pinzolas

Alicante, 1997

En esta obra, la luz no se representa: se despliega. Vibra en cada trazo, en cada capa translúcida de color que se superpone como una memoria del instante. *Apeirón* es un estallido de lo indefinido: una flor que no busca nombrarse, un gesto que se niega al límite. Aquí, el color es pensamiento y la forma, una intuición que apenas alcanza a bordear lo que permanece inasible.

Inspirada en la idea filosófica del *apeirón* –lo ilimitado, lo originario, lo anterior a toda estructura–, esta pieza se abre como un ciclo vital suspendido, un pulso de materia viva que florece sin necesidad de narración. Las pinceladas, audaces y libres, dan cuerpo a una flor que podría estar naciendo o extinguiéndose, invocando la naturaleza. Como la luz que se pliega en el pétalo, el tiempo también se curva, se suspende.

De esta manera, la luz habita la obra como un aliento filtrándose a través de los pigmentos cálidos –rosas, magentas, naranjas, amarillos– que se entrelazan con verdes densos y sombras insinuadas. Por otro lado, la obra no ilumina un objeto; se convierte en luz misma. La flor no es una forma cerrada, sino una posibilidad que respira. Como un relámpago que no cesa, *Apeirón* pulsa entre el caos y la armonía, entre lo concreto y lo etéreo. Esta obra es una invitación a mirar sin buscar, a sentir sin entender del todo, a perderse –como en una flor, como en el universo– en lo que no tiene fin.

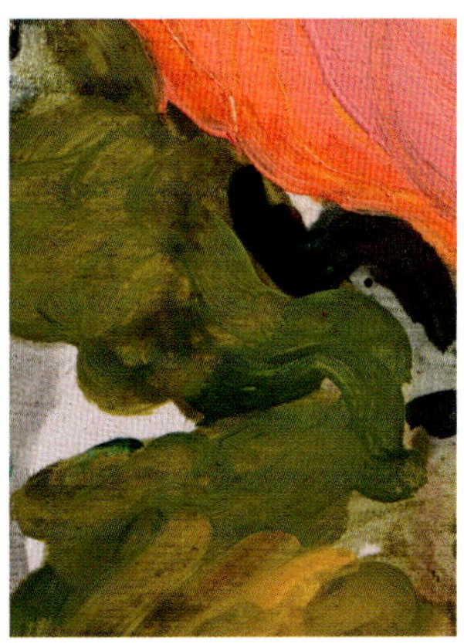

Apeirón | 2025 | Óleo sobre lienzo | 120 x 100 cm

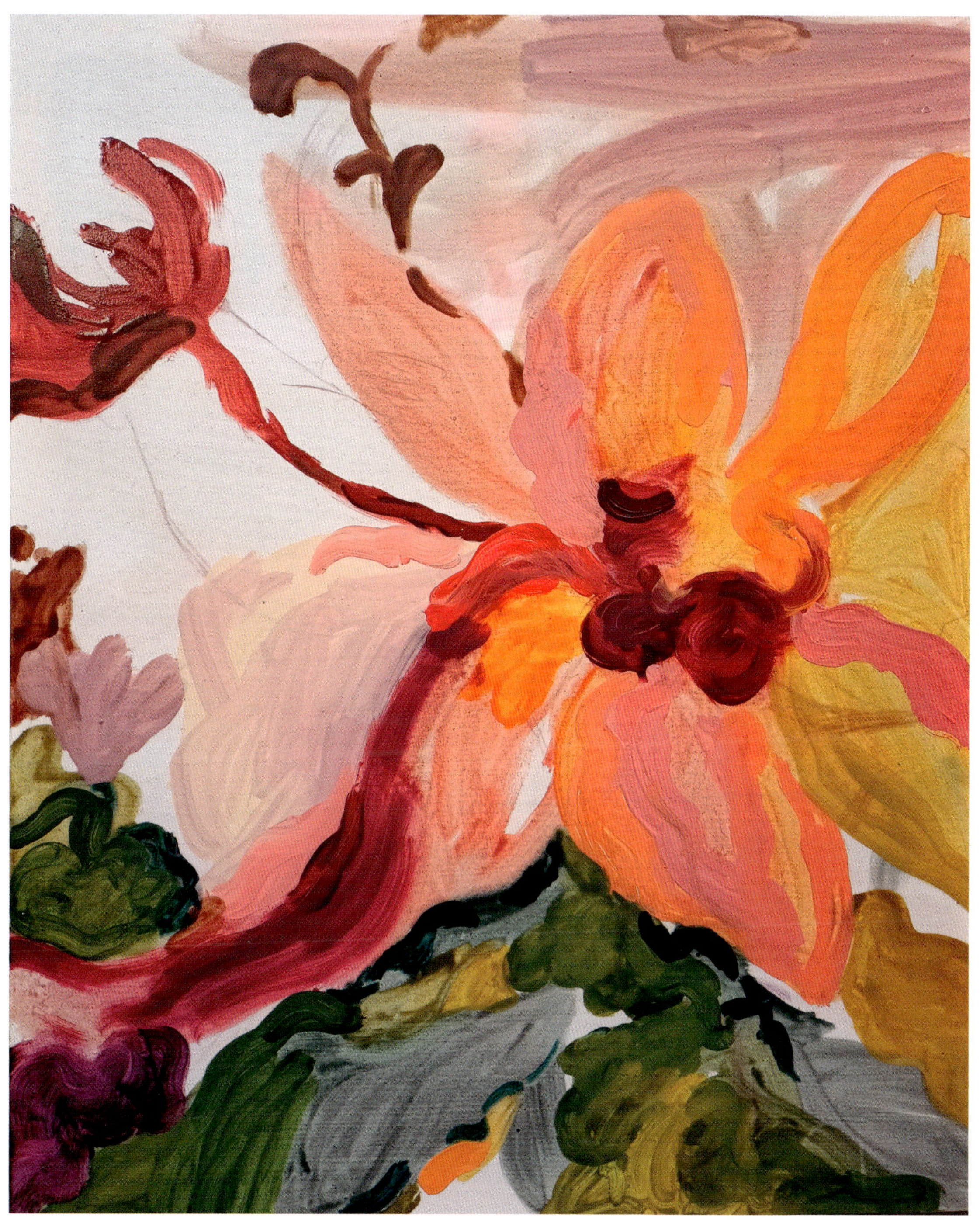

Alejandro Mesonero
Peñaranda de Bracamonte, 1950

En el origen, la luz, la que muestra y explica la obra, sin ella no hay nada, el caballo de batalla del pintor.

Dos mitos, aunque hay otros. El primero. En el origen de la pintura, según Plinio el Viejo nos narra: "una muchacha de Corinto que, para conservar viva en la memoria la imagen de su enamorado, trazó una silueta a partir de su sombra". Evidentemente la imagen resultante, pertenencia/ausencia, no es posible sin la luz que la genera.

El segundo, en el famoso mito de la caverna de Platón, imagina unos individuos encerrados en una caverna que sólo ven luz por una oquedad en la misma. Las sombras que se generan dentro de la cueva son deformaciones de la realidad, son suposiciones, por no disponer de la plenitud de la luz exterior. Esta parábola nos habla de algo mucho más complejo, la luz del conocimiento.

Pocos vocablos en nuestro idioma tienen tantas acepciones como la palabra LUZ, principio generador de todo, y en la pintura algo consustancial a la misma.

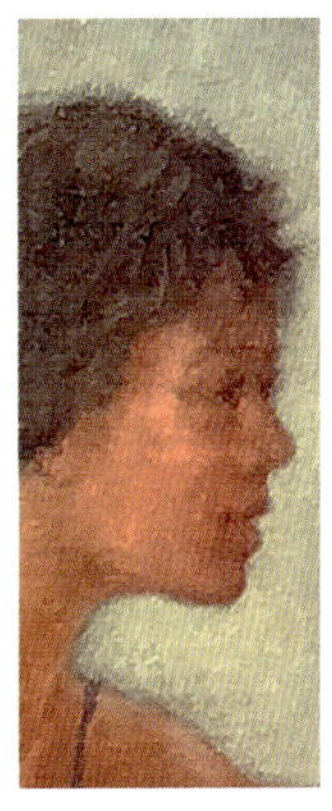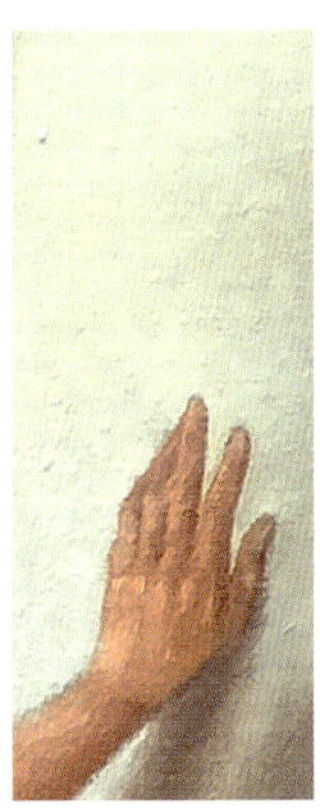

El mito | 2009 | Óleo sobre lienzo | 61 x 50 cm

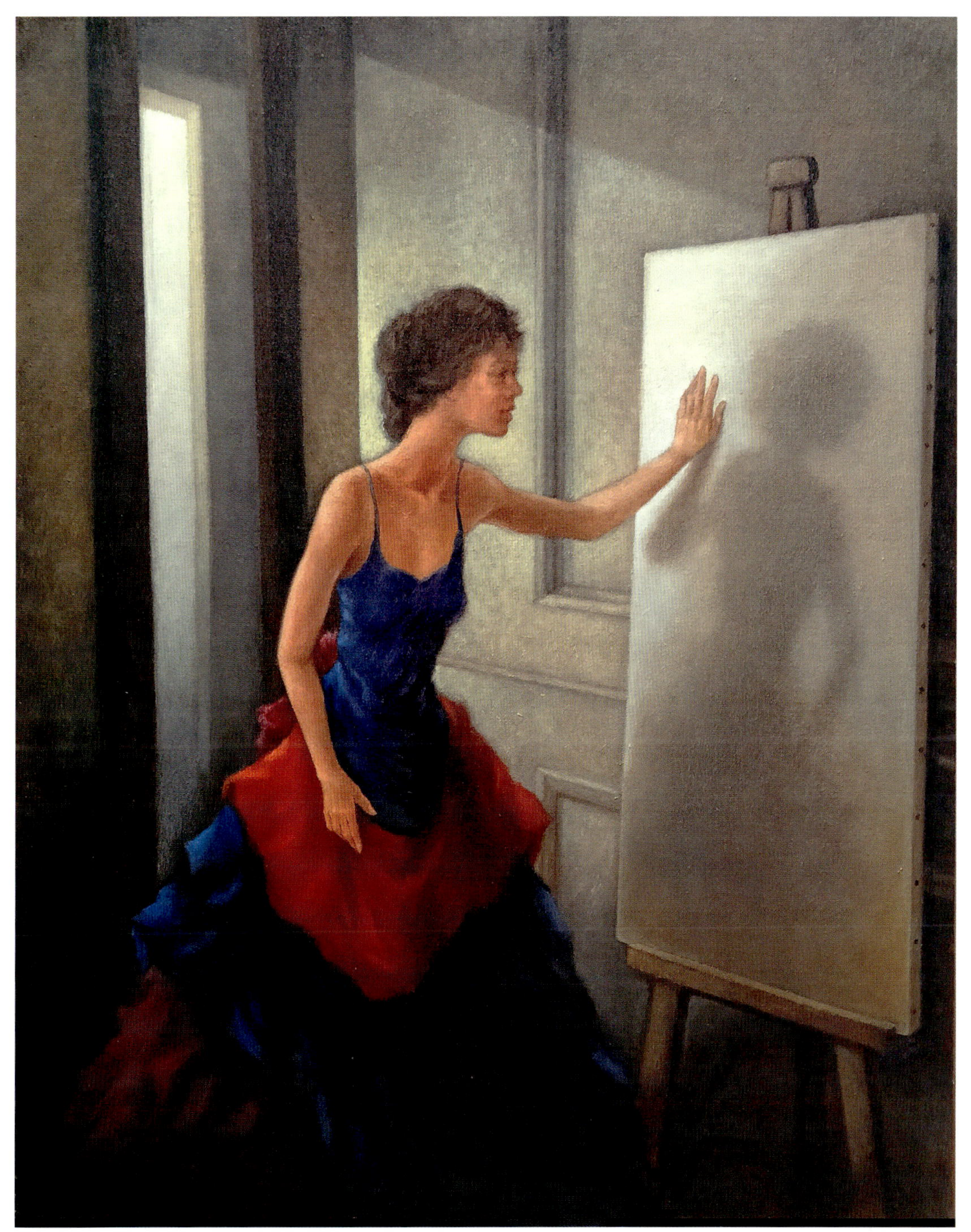

Arturo Miñana

Barcelona, 1951

A la hora de pintar lo que más me interesa es la composición y la luz. En todas mis obras la luz tiene un papel fundamental. Intento que se note la hora del día a la que la he pintado. Me gusta pintar sobre todo a primera hora o a última, porque la luz modela las formas y evidencia detalles que no se perciben el resto del día. También aumenta la paleta de colores con los violetas en las zonas oscuras, los naranjas en las zonas iluminadas y los colores mucho más intensos.

Esta acuarela la pinté cerca de Salamanca, en una dehesa por la que suelo pasar. Me encanta esa encina elevada, testigo de donde estaba antes el suelo. No sé por qué razón excavaron alrededor dejándola a ella sola en un alto. Sería por no cortarla. En cualquier caso, me parecía muy pictórica y la plasmé en un papel.

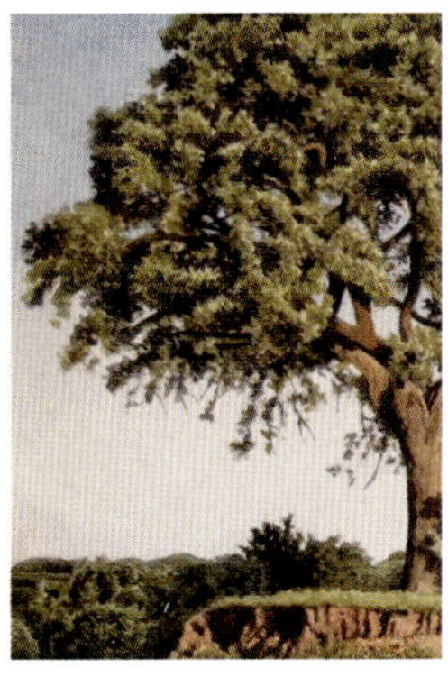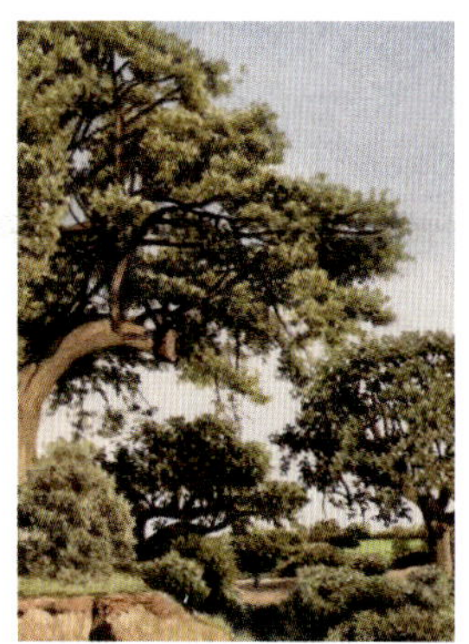

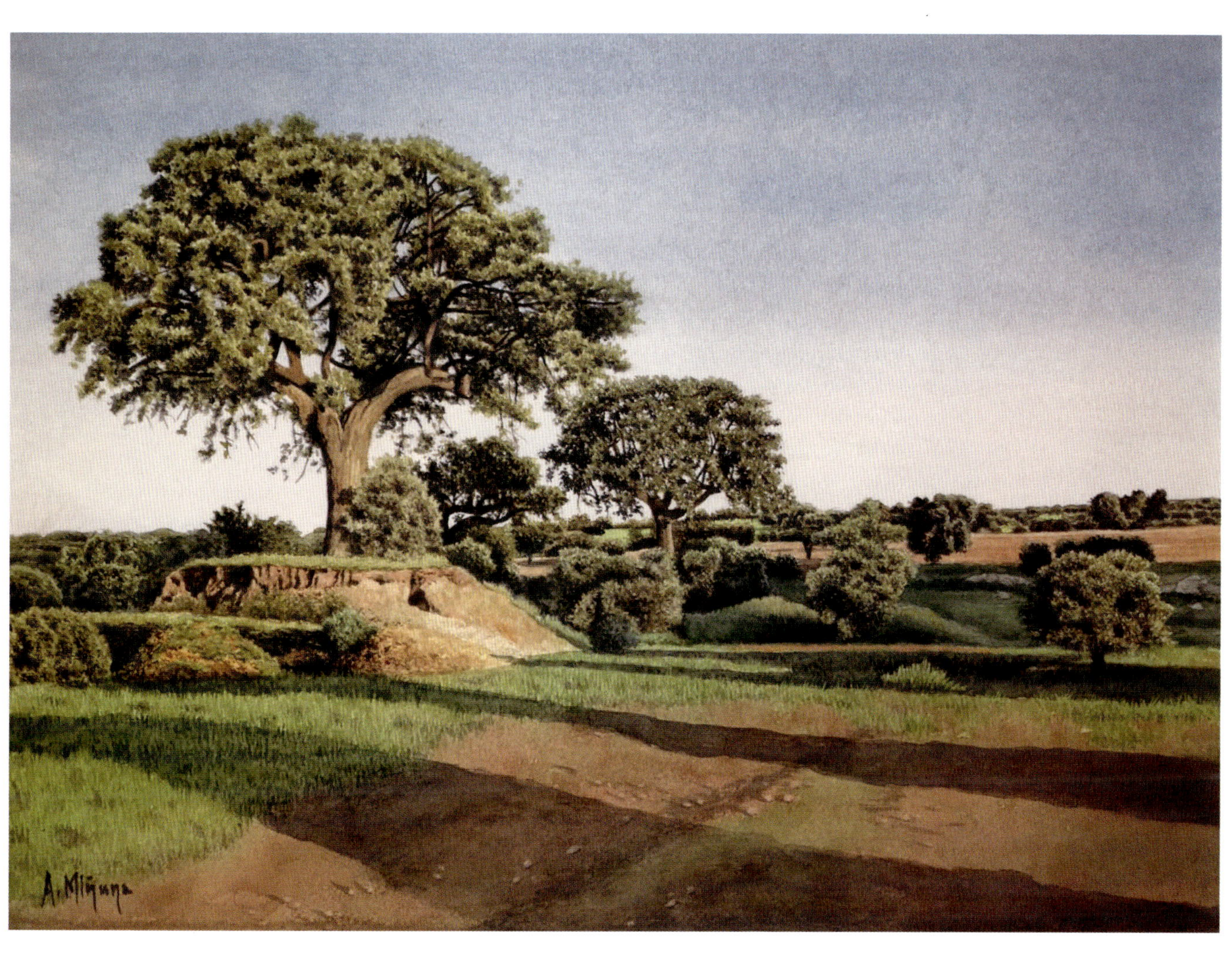

Encinas al atardecer | 2023 | Acuarela sobre papel | 30 x 40 cm

Isidoro Moreno

Valladolid, 1975

Como pintor del natural siempre me ha interesado la luz y cómo se va modificando conforme pasan las horas y esos desplazamientos del sol a lo largo del día modifican sustancialmente las sombras, y, con ellas, todo lo demás: modelado, espacio, ambiente luminoso. A más luz, más sombra (a nivel del valor pictórico) y esto es lo que he querido representar en esta obra. La luz cegadora de un enclave único que ocasiona que las zonas no "iluminadas" o penumbras, sean aún más oscuras y carentes de información, pero no de materia, texturas y direcciones compositivas. "La pobre miseria de los colores", diría Sorolla, refiriéndose, claro está, a los colores de los tubos de pintura, provoca que deba estar constantemente interrumpiendo el proceso de esta obra y deje secar para dar las veladuras oportunas e intentar causar con mayor o menor acierto lo que allí sucede. Pero, además, al aire libre, la luz es inquieta, y su propia inconstancia llama la atención sobre efectos seductores, reflejos, matices, sombras coloreadas, efectos que bajo la luz más homogénea del estudio tienen mucha menor presencia.

La luz, en términos artísticos, no solo ilumina, sino que también define el espacio, creando un juego entre lo visible y lo invisible, lo cercano y lo distante.

La luz y el natural son los fundamentos principales de mi pintura.

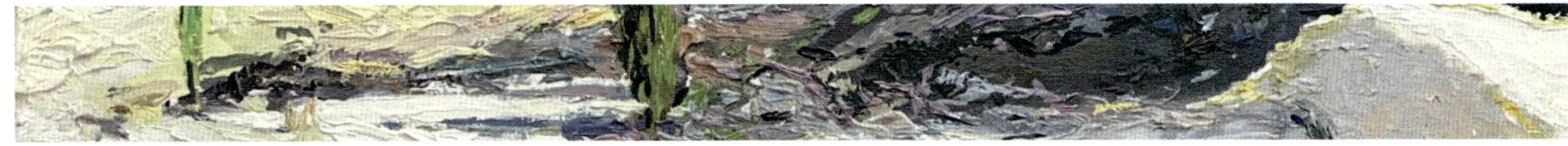

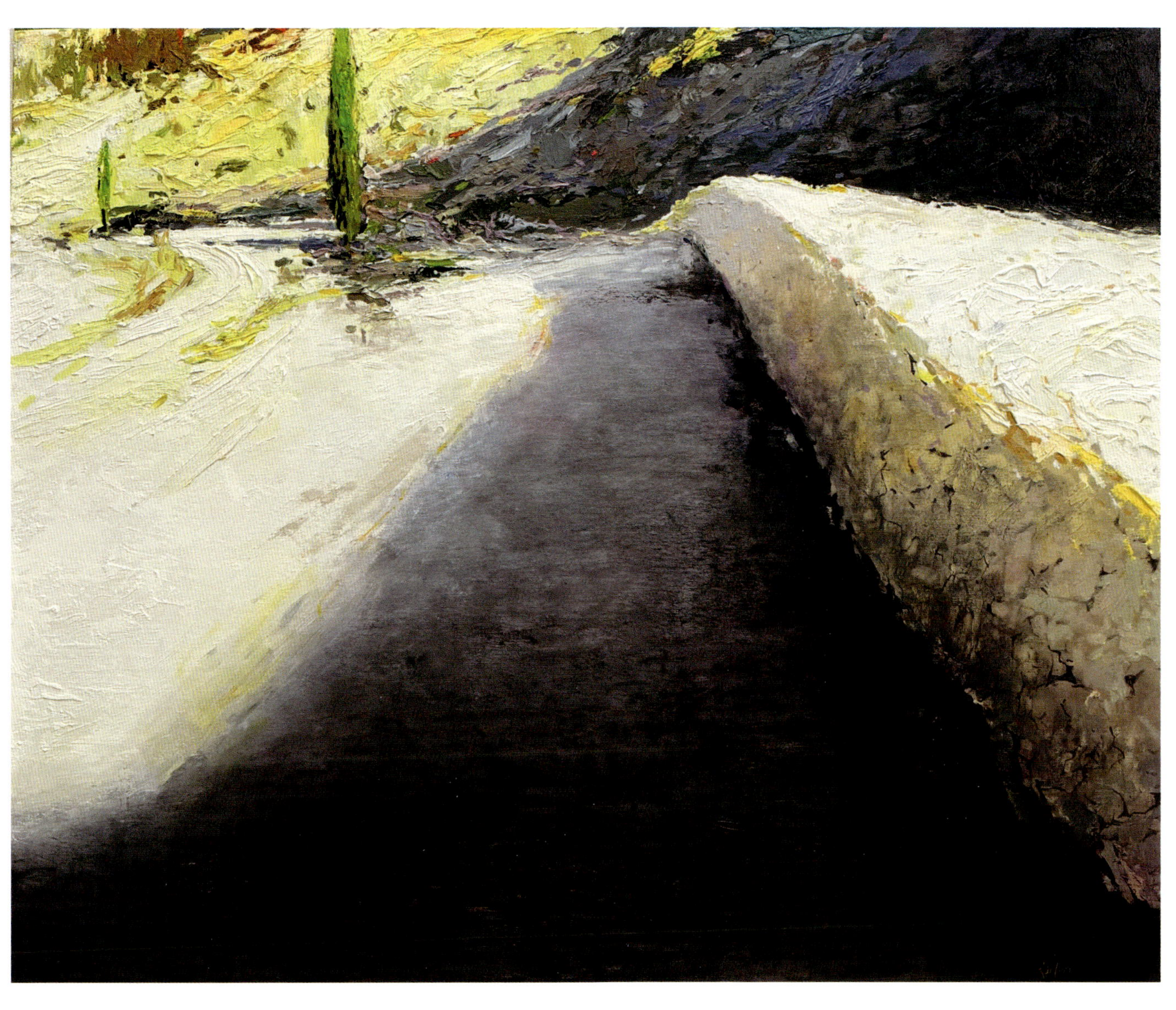

De camino a la Torre Blanca | 2023-2025 | Óleo sobre lienzo | 81 x 100 cm

José Antonio Muñoz Bernardo

Guijuelo, 1958

El farol y su particular luz.

Cuando mezclo pigmentos, invoco sentimientos y pasiones. Me convierto en narrador y, a través de cada trazo, transmito la luz con el color. Estos son aliados inseparables y cuando ambos se unen, surge la obra, la creación.

Cómo justificar un formato estrecho y alto: una torre, un gran árbol, al final he decidido que un farol, más bien porque es una fuente de iluminación y nos lleva a la idea principal y no tanto por ser alargado en su forma o tener un atractivo estético o poder contar una historia. Este simple objeto que emite luz, trasciende su función práctica y se convierte en un símbolo de identidad. No sólo ilumina, sino que narra historias y evoca recuerdos. Su presencia transforma el paisaje, convirtiendo el rincón en un escenario. Es un invitado silencioso que acompaña a un entorno emblemático o característico de una ciudad. De esa manera, se erige como un puente entre lo práctico y lo poético. Es un faro que guía no sólo a través de la oscuridad, sino también en la luz. Los muros de la ciudad, testigos de historias pasadas, reflejando esa luz de mil maneras y la influencia del farol se adelanta a sus piedras recordándonos la importancia de cada rincón.

En este caso, el farol de Alicante se alza como un guardián solitario que observa la danza de luces y sombras. Su luz amarillenta, cálida y envolvente evoca, seguramente, destellos del Mediterráneo y reafirma su historia particular.

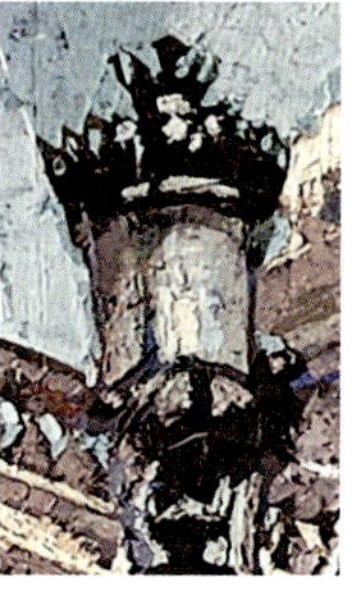 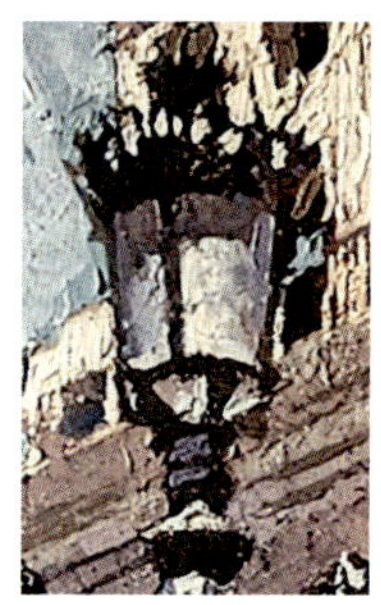 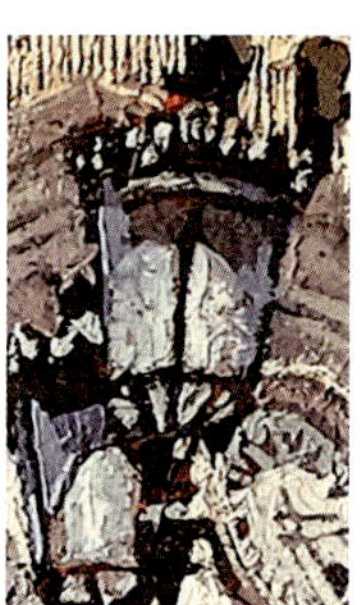

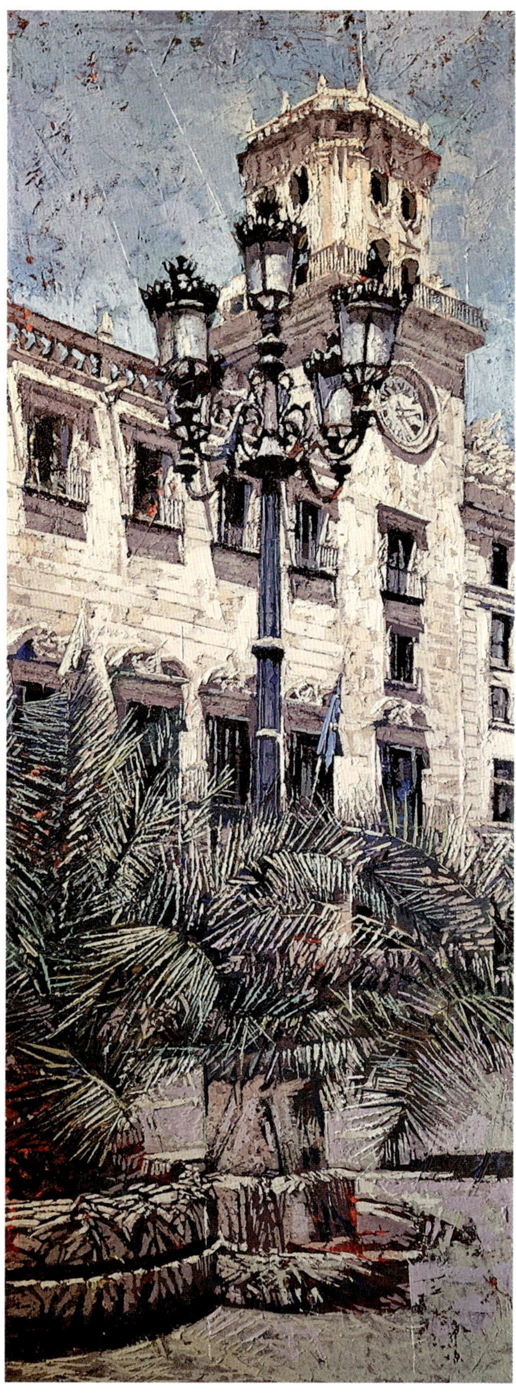

Farol alicantino II
2025
Óleo y técnica mixta sobre lienzo
114 x 42 cm

Parada Morollón

Ávila, 1955

Mi obra… difícil para mí describir mi propia obra… Es como si te piden describir un sentimiento que pasa por la mente en segundos.

Es la emoción de ver, unos días determinados del verano, los fragmentos incandescentes de otros planetas, otras estrellas desaparecidas, entrando en nuestra gran barrera que es la atmósfera soltando sus haces de inmensa Luz.

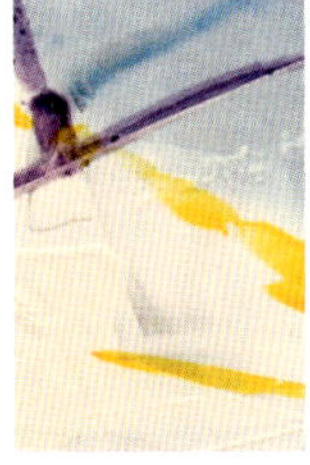 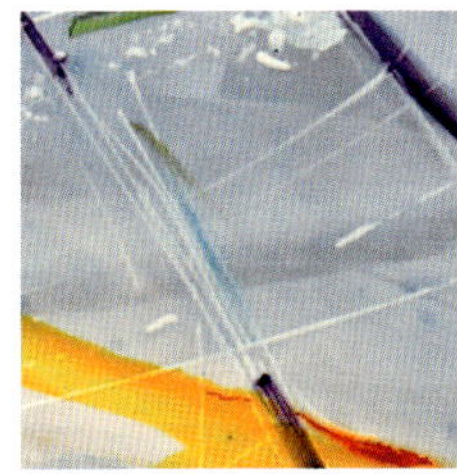 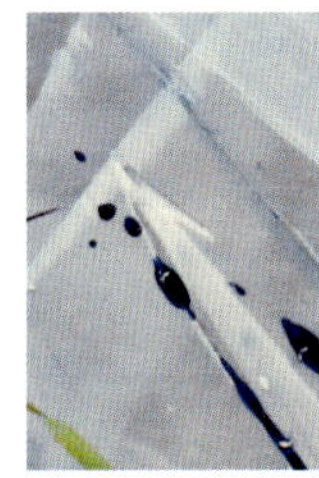

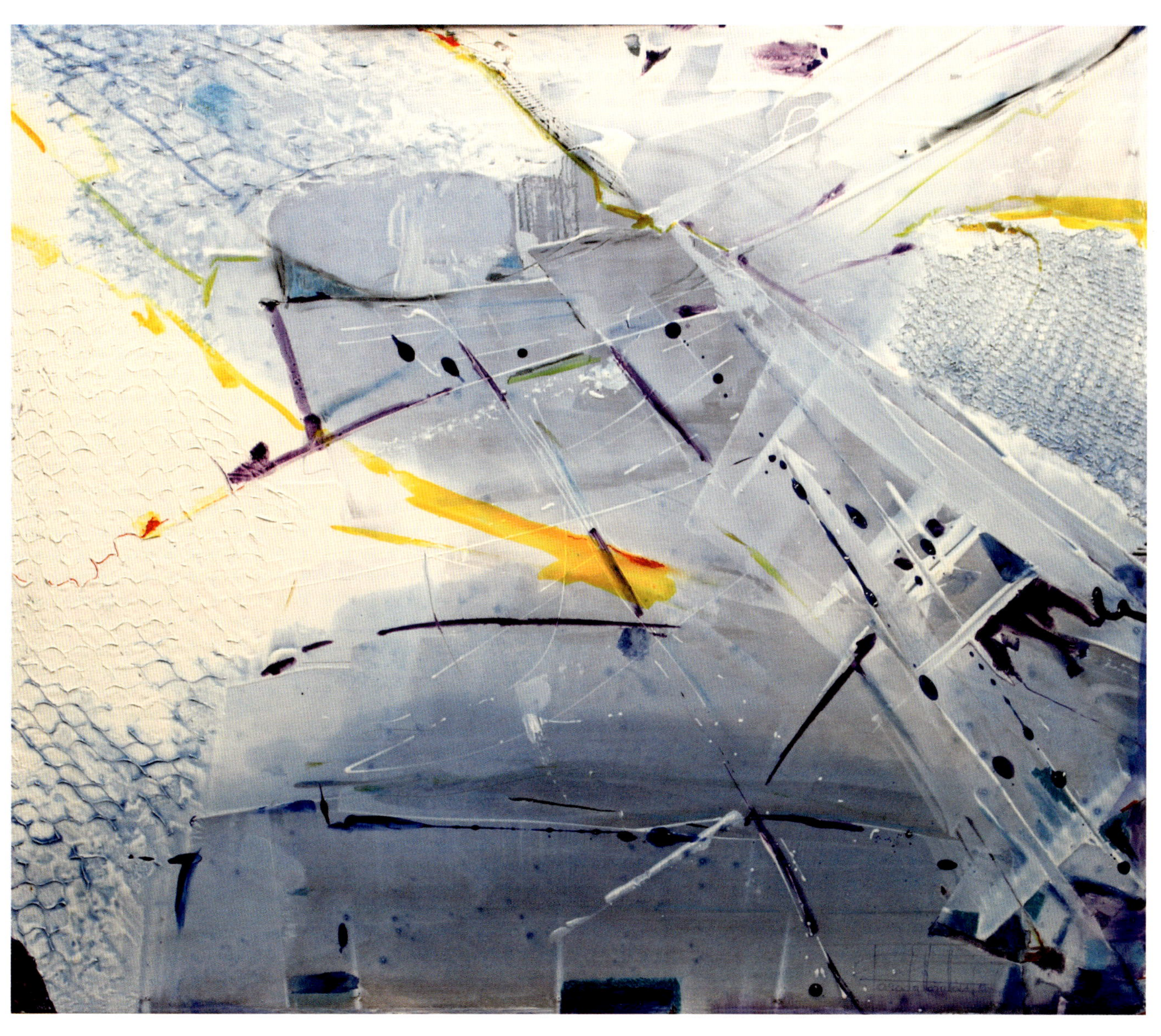

Luces de San Lorenzo | 2024 | Óleo sobre tabla | 60 x 70 cm

Irene Persa (Pérez Sánchez)
Madrid, 1988

La luz, tan necesaria, a veces concreta y cegadora y otras, huidiza a ojos de quien intenta atraparla, desde todos los puntos de vista, el artístico y el vital.

Como pintora, he basado en la luz y su estudio prácticamente toda mi carrera plástica: los colores brillantes, ocultos a menudo a la mirada de muchos que solamente ven lo que la naturaleza aparentemente muestra de manera más evidente; las formas difusas o concretas, contorneadas por esas sombras que configuran la existencia de lo luminoso y que tantas veces definen demasiado lo que es "un todo", convirtiendo en vacíos insalvables lo que en la naturaleza era un camino llano, solo interrumpido por las sombras de los árboles. La luz, que, a veces, en la pintura del natural ha quemado mi retina durante unas horas a cambio de una obra que recogiera su majestuosidad y calor.

En este óleo represento un pequeño rincón del parque del Capricho, en Madrid. Fue un día de otoño en el que el sol inundó unas praderas verdes por las anteriores semanas lluviosas y en la que los rojos de los árboles ya asomaban, dejando entrever, en cierta manera, que ese momento debía ser apreciado como un regalo para el largo invierno venidero. Por eso, es un cuadro en el que expreso mi alegría, disfrutando desde la sombra, expectante por tanta belleza desordenada.

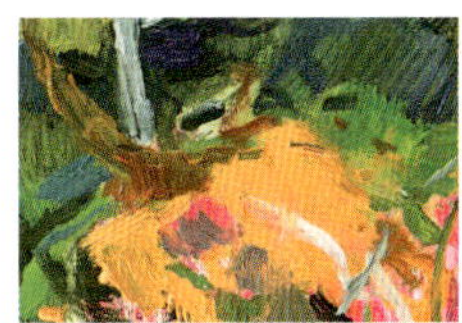 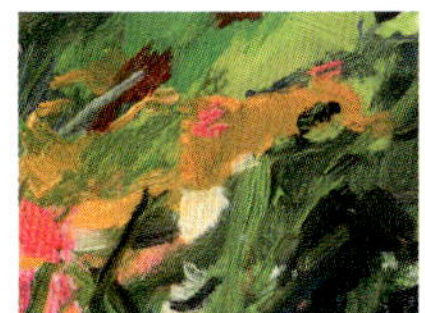

Capricho | 2024 | Óleo sobre lienzo | 100 x 81 cm

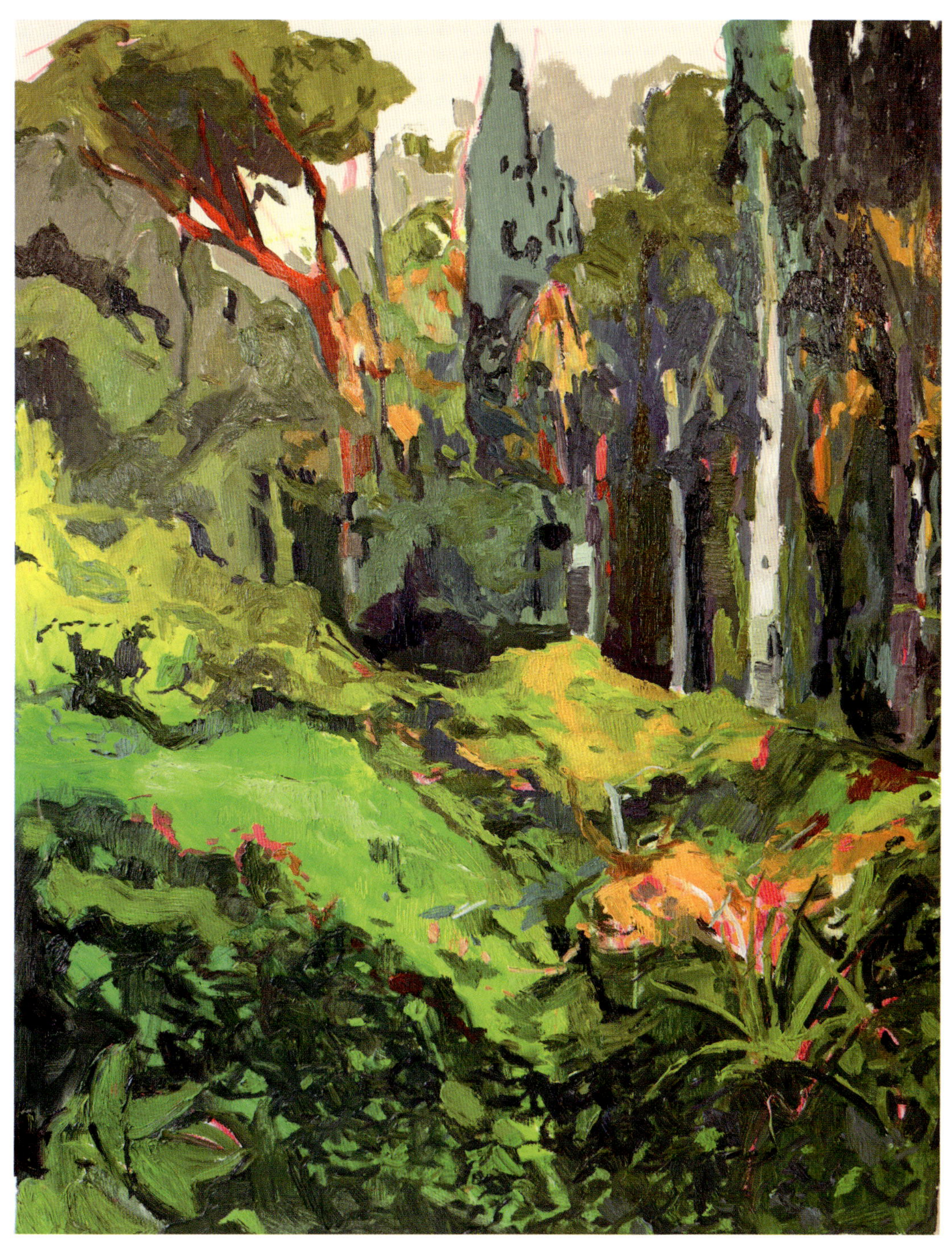

Jerónimo Prieto

Espeja, 1941

El comienzo de cada ciclo lunar lo marca la luna nueva. Se trata del momento adecuado para que cada persona inicie cualquier empresa, el punto de partida para todo tipo de proyectos o para algo tan sencillo como el "borrón y cuenta nueva". En el mundo antiguo se consideraba la luna nueva como el momento mágico para volver a empezar. Algo así, como un nacimiento. Con cada luna nueva es como iniciar una nueva existencia. Y es que la luz de la luna nueva conlleva el milagro de reponer fuerzas, renovar ideas y de ir alcanzando el valor necesario, según se va progresando, hasta alcanzar la luna llena. En el fondo la luna nueva sería la segunda oportunidad que se nos da, una y otra vez. La luna nueva ilumina el ambiente para poder reflexionar con tranquilidad, para poner por escrito tus sensaciones y para iniciar los planes por los nuevos derroteros elegidos.

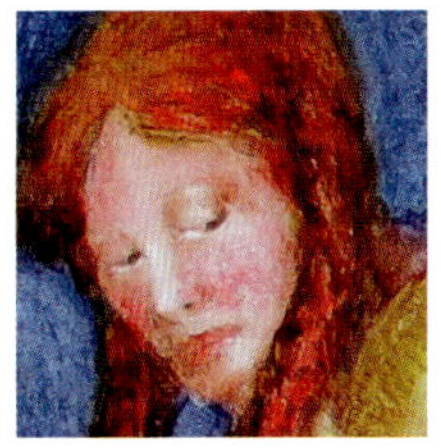
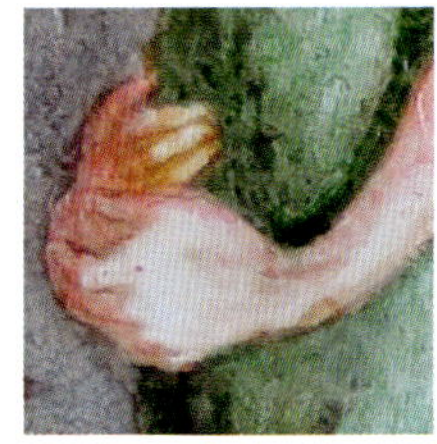
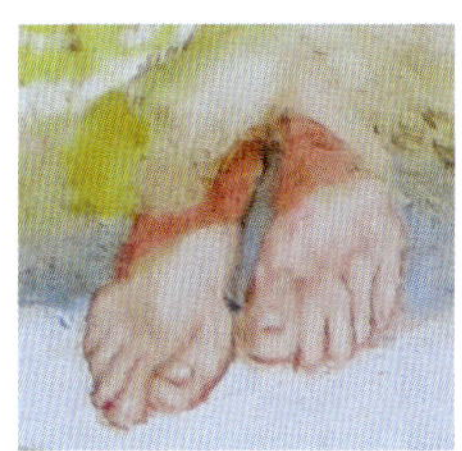

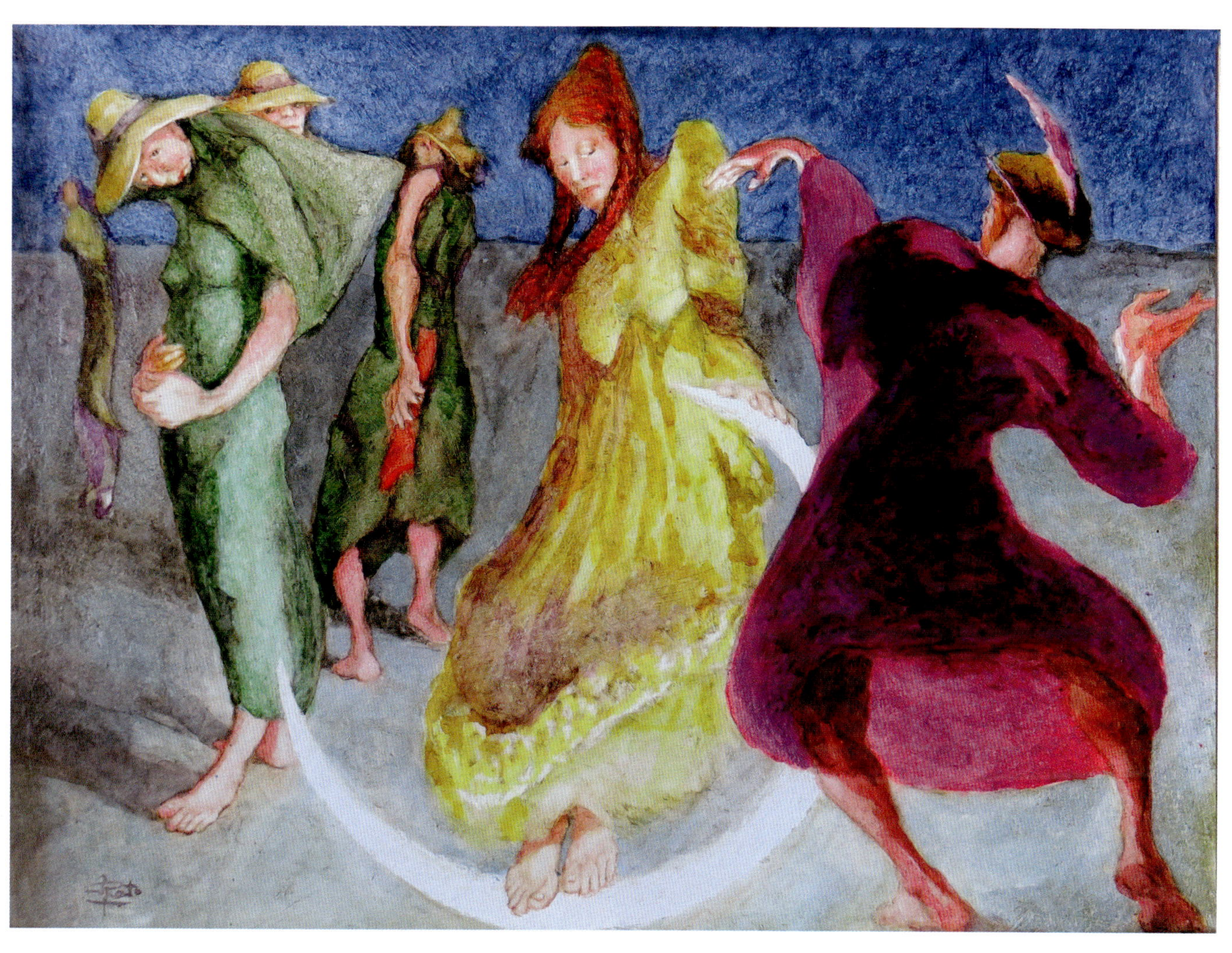

La luna nueva | 2022-2023 | Acuarela sobre lienzo | 35 x 50 cm

Aída Rubio González

La Laguna, 1978

Cuando Eduardo me propuso este proyecto, la pupila del ojo se dilató. Andaba jugando con linternas y tintas fluorescentes y pensé en la posibilidad de meterme en harina iluminando imágenes dentro de una caja de tal forma que la luz se repartiera de manera homogénea. Intenté tomar la luz como materia para recrear un ambiente en el interior de la caja. Al mismo tiempo, la luz actuaría como veladura sobre la pintura que había realizado previamente, luz sobre pigmento.

Desde hace algún tiempo vengo elaborando imágenes relacionadas con animales, cada obra lleva un marco diferente buscando proporcionar un hábitat para cada animal con unas condiciones libres y particulares, podría entenderse a su vez como un complemento para "cerrar" que no encerrar la obra. En este caso ese complemento o hábitat lo proporciona la caja de luz.

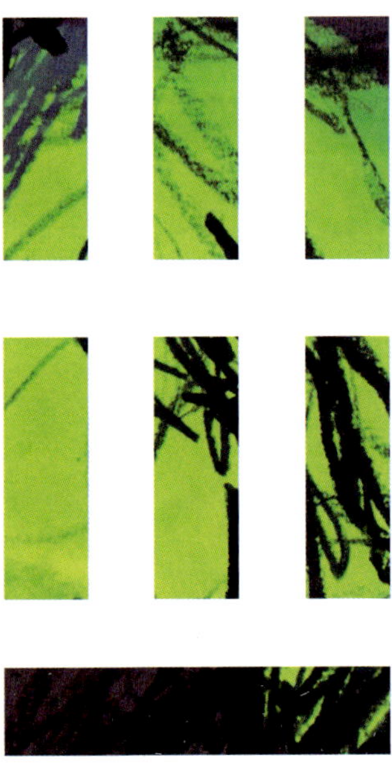

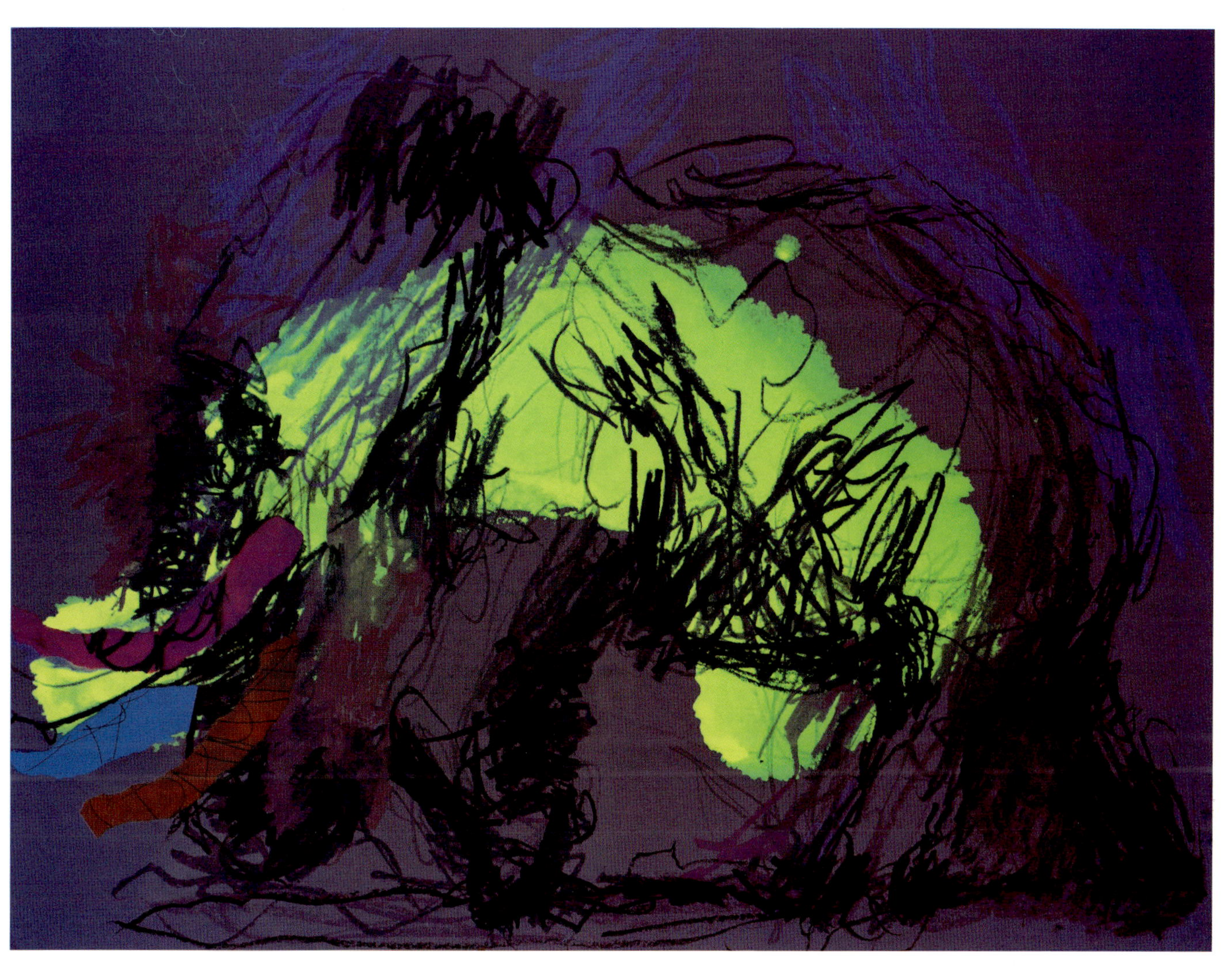

Sueño REM | 2025 | Luz ultravioleta sobre tinta acrílica fluorescente y pastel de cera | 46,4 x 58,2 cm

Juan José Sánchez López

San Martín del Castañar, 1959

El río Tajo, que nace en los montes de Albarracín y desemboca en el Mar da Palha, en Lisboa, tras regar 800 kilómetros de riberas españolas y 200 portuguesas, tiene un profundo sentimiento para los portugueses. En tiempos históricos sirvió de defensa de la capital lusa, y sus aguas han sido cantadas por poetas y fadistas. También los artistas nos hemos inspirado en sus aguas y en ese idilio con la luz, que da como fruto unos reflejos que no son fáciles de trasladar al lienzo, pero que invitan a intentarlo. Ahí están esas reverberaciones del Tajo, a diferentes horas del día –algunas menos que las de Monet y su Catedral de Rouen– formando un políptico lleno de color y de emociones.

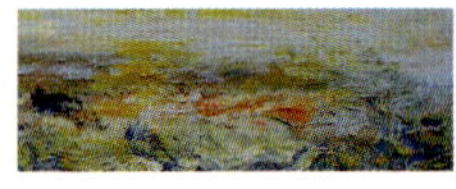

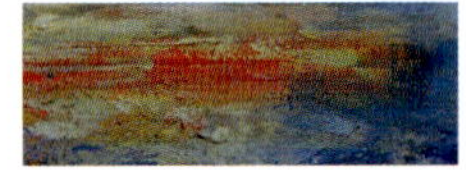

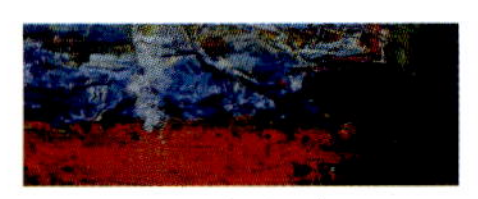

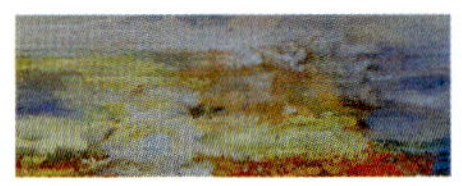

Brillo de luces serpenteando en las ondas.

Espejo.

Blanco.

Amarillos de la luz del oeste.

Y el agua cambia los colores.

Reflejos del Tajo | 2017 | Técnica mixta sobre tela | Políptico de 4 piezas de 60 x 50 cm cada una

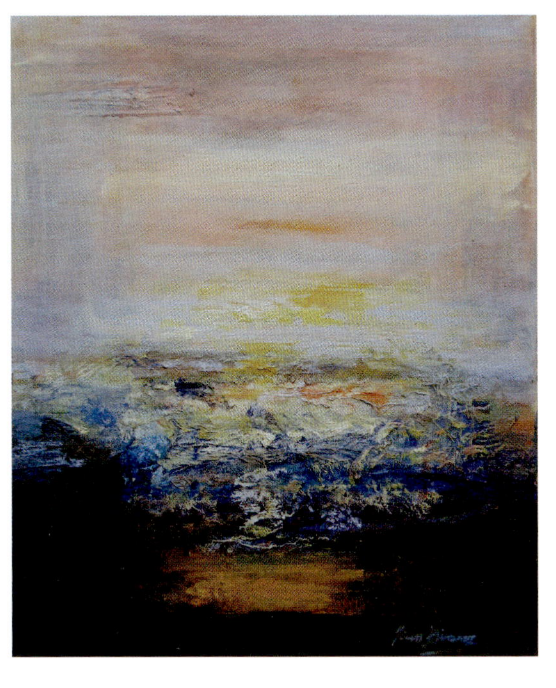
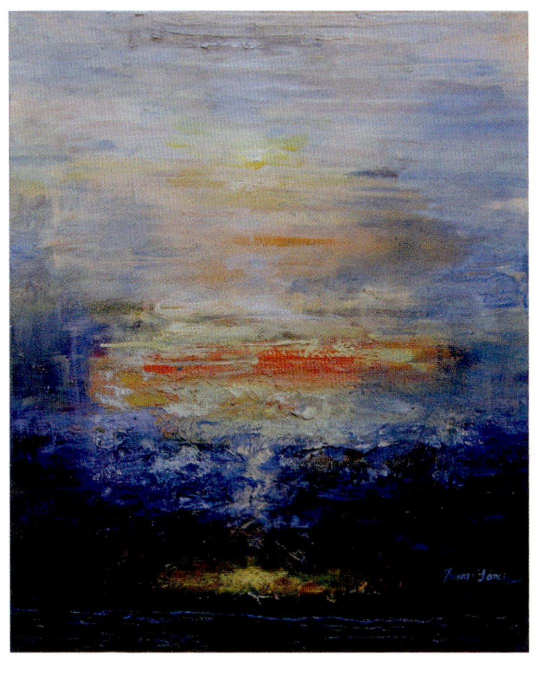
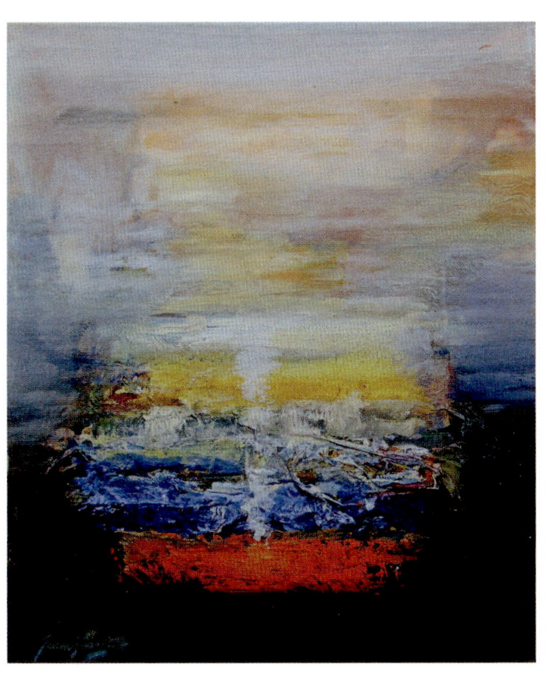
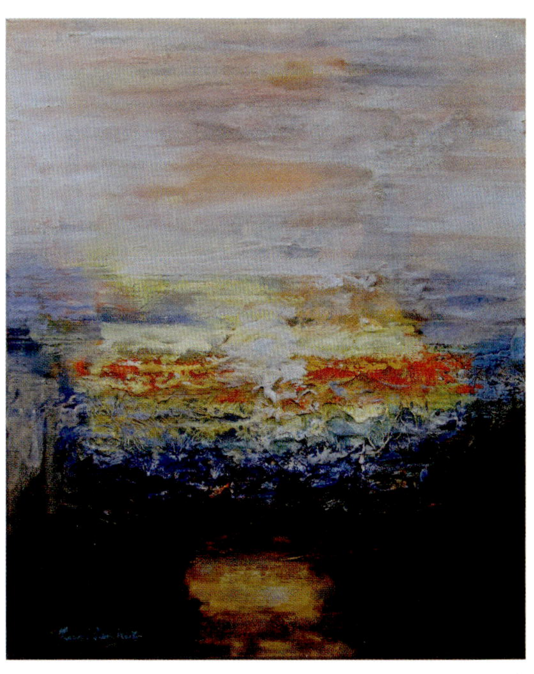

Vicente Sierra Puparelli

Saucelle (Salamanca), 1952

Aquel iba a ser un buen día para el Cazador de Luces, de esos días en que los rayos se juntan en haces y salen a juguetear con las hojas de los árboles y las gotas de agua de las fuentes. Las Luces son muy vanidosas y, aunque lo disimulen, les gusta ser fotografiadas por el Cazador. Eso sí, también son esquivas y se resisten coquetamente. Unas veces basta un disparo, click, pero otras se necesitan varios, click, click, click, del infernal artilugio que emplea para cazarlas. El Cazador de Luces se levantó con el alba y se encaminó a la ciudad, casi desierta, buscando esos furtivos destellos matutinos que se cuelan por las esquinas, y desaparecen en un pestañeo. Se escondió, allí, en la plaza de los Bandos, mientras preparaba su trampa de capturar Luces, una pequeña cajita negra con botones y cristales que se abre un instante para que la Luz entre, confiada, y quede atrapada allí para siempre.

Primero llegó una paloma, oteó el horizonte y llamó a sus amigas al no ver peligro alguno. Al rato llegaron otras más, y más, la bandada entera, y empezaron su danza. Al ritmo del borboteo de la fuente y, como niños en un charco, comenzaron a chapotear con sus alas levantando gotas de agua, de luz al contraluz, mientras, otras palomas remontaban el vuelo para beber esas gotas luminosas, ¡qué placer, beber la luz, la energía más pura y primitiva!

El Cazador de Luces estaba embobado. Casi sin darse cuenta, cogió con cuidado su cajita mágica oscura, apuntó hacia la fuente y, click, click, aquellas palomas de agua y Luz quedaron atrapadas en el infernal aparato. Aún ahora, ya casi viejo, oye, a veces, el chapoteo de las palomas en la cajita. Cada vez menos, menos…

Siempre hay una Luz para ti. Si ya la hallaste, disfrútala y, si no, que la encuentres pronto.

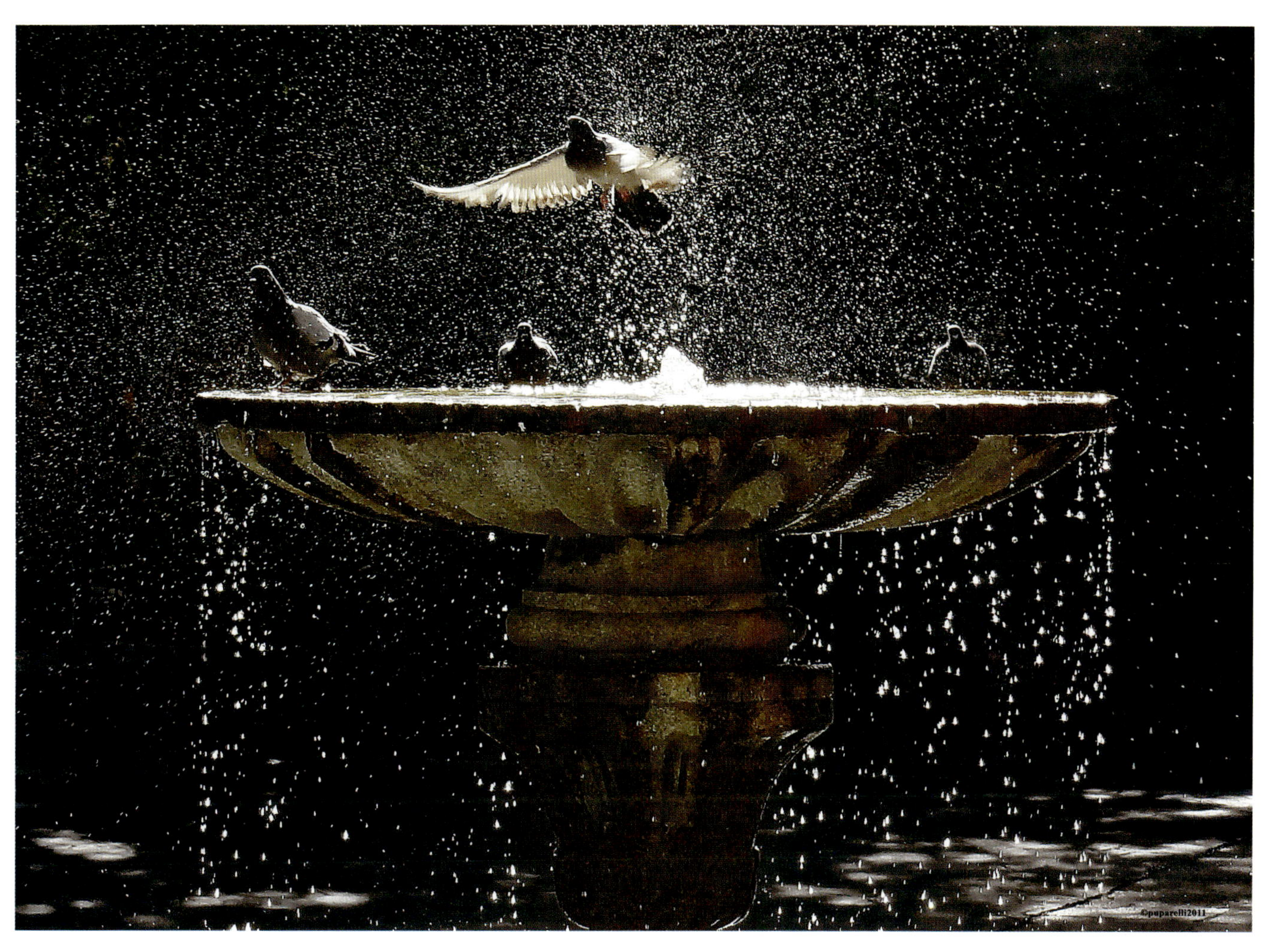

Bebiendo gotas de Luz | 2011 | Fotografía digital impresa sobre FOAM | 66 x 92 cm

Teresa Uribe Malmierca

Ciudad Rodrigo, 1958

Camino transitado, liberación, vida, renovación, despertar otra faceta de la vida, dejarse cautivar por el deslumbrante esplendor del brillo del sol y por la aventura en la senda y en la pintura.

"Yo soy", dice la luz. Sin predicado alguno. Es la pura existencia: el acto de existir en que todo se apoya; la fuente de la vida –más que el agua– que asume todo origen.

Pero la luz no se deja domesticar, sino que reta al que la mira e impone su infinita monarquía.

La luz, así, es la plenitud de un momento en sí mismo: el momento en que nos arrebata y se abole la conciencia del yo. El momento en el que nada falta o sobra, que quedará en el lienzo retratado. Porque la luz interior responde a la exterior, la aprende y la conjura.

"Monarquía de la luz", prólogo de Antonio Gala
en *La Luz en la Pintura,* Ediciones Carroggio S.A., 1998.

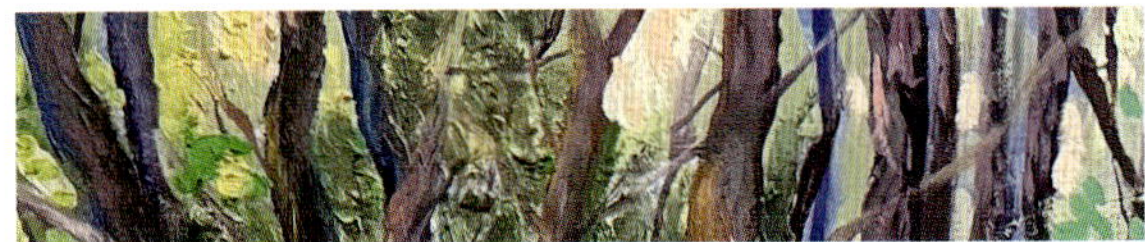 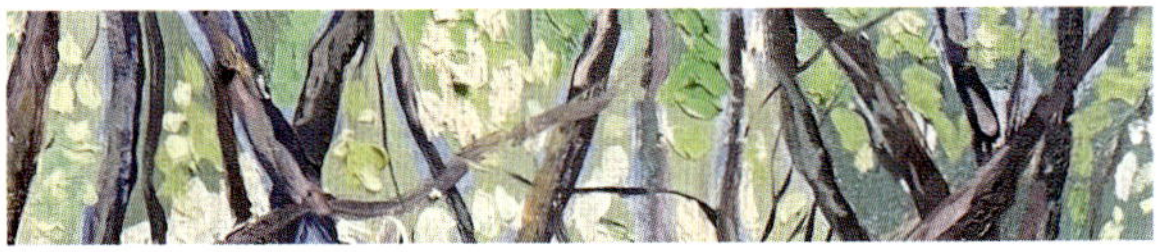

Luz en la senda | 2025 | Óleo sobre lienzo | 100 x 81 cm

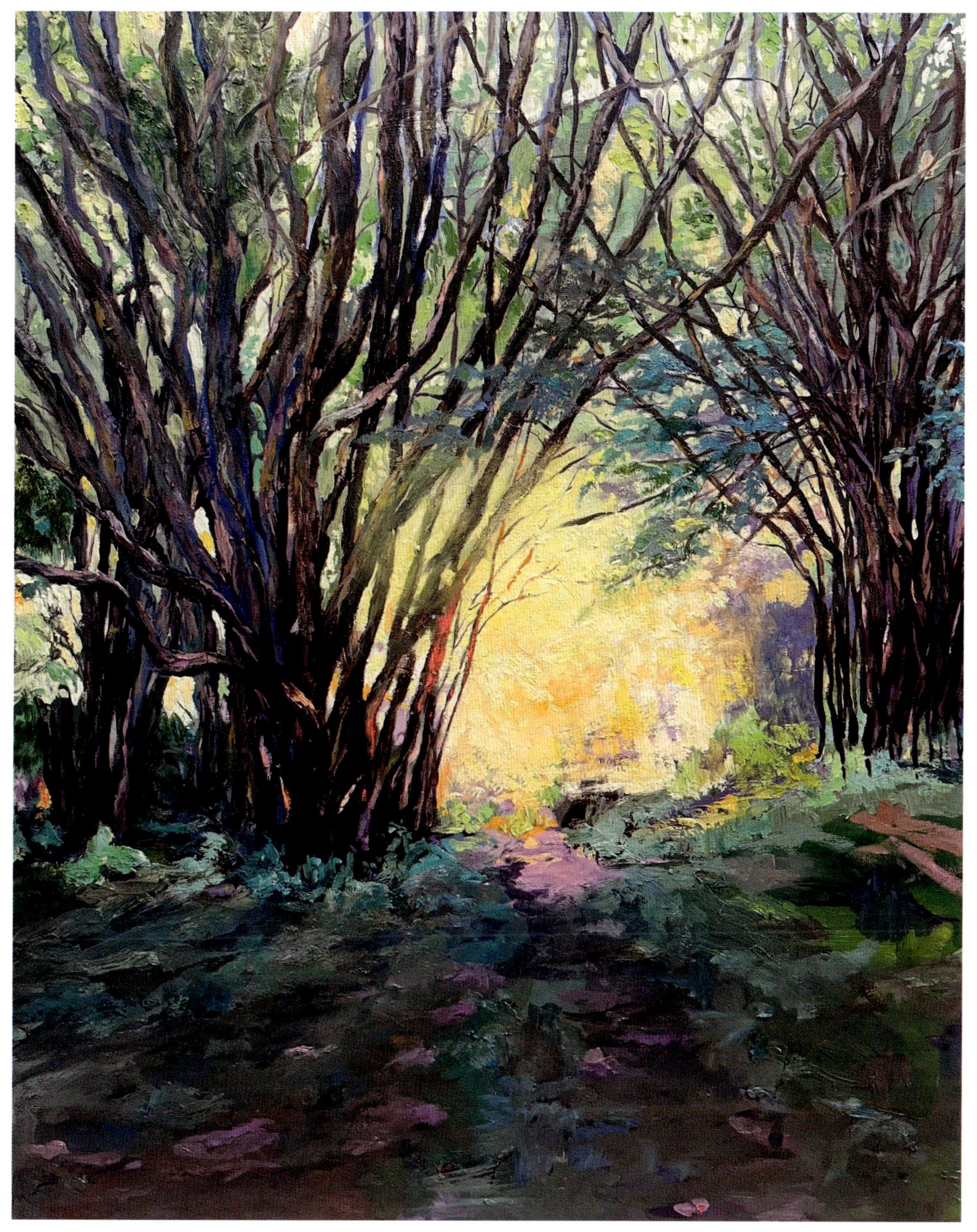

Antonio Varas de la Rosa
Madrid, 1954

Antonio Varas ha conseguido hacer de su obra pictórica un canto muy personal, a veces incluso íntimo. Un deseo enarbolado del buen hacer creativo en busca de la Luz. Luz y motivación que le animará más tarde a interpretar con sus composiciones escenas de color. Los suyos son escenarios a veces teatrales poblados de gentes que retrata con dignidad y amor, con complicidad y entrega. Paisajes de objetos cercanos, memoriosos, en los que habitan rostros y cuerpos jubilosos. Sus paisanajes. Porque tiene la pintura de Antonio Varas cualidad de abrazo, emoción y cercanía; dignidad en la pose, sobre los que llueve el agua que ilumina la luz de su obra. Porque de esa Luz de agua y transparencias recibe Antonio Varas el brillo de sus cuadros, la pátina feliz de la luminosidad de su pintura. Lluvia que no sabe de distancias porque el horizonte es perspectiva. Una obra clásica en apariencia, pero muy contemporánea en ejecución.

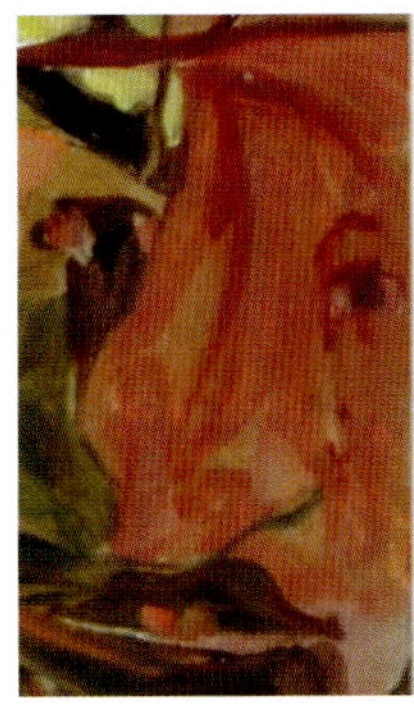
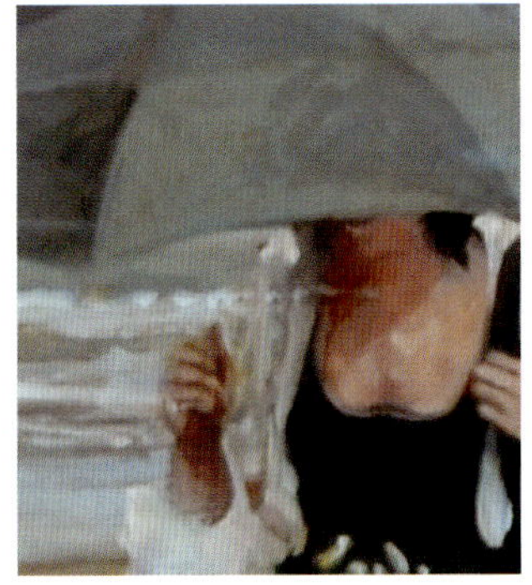

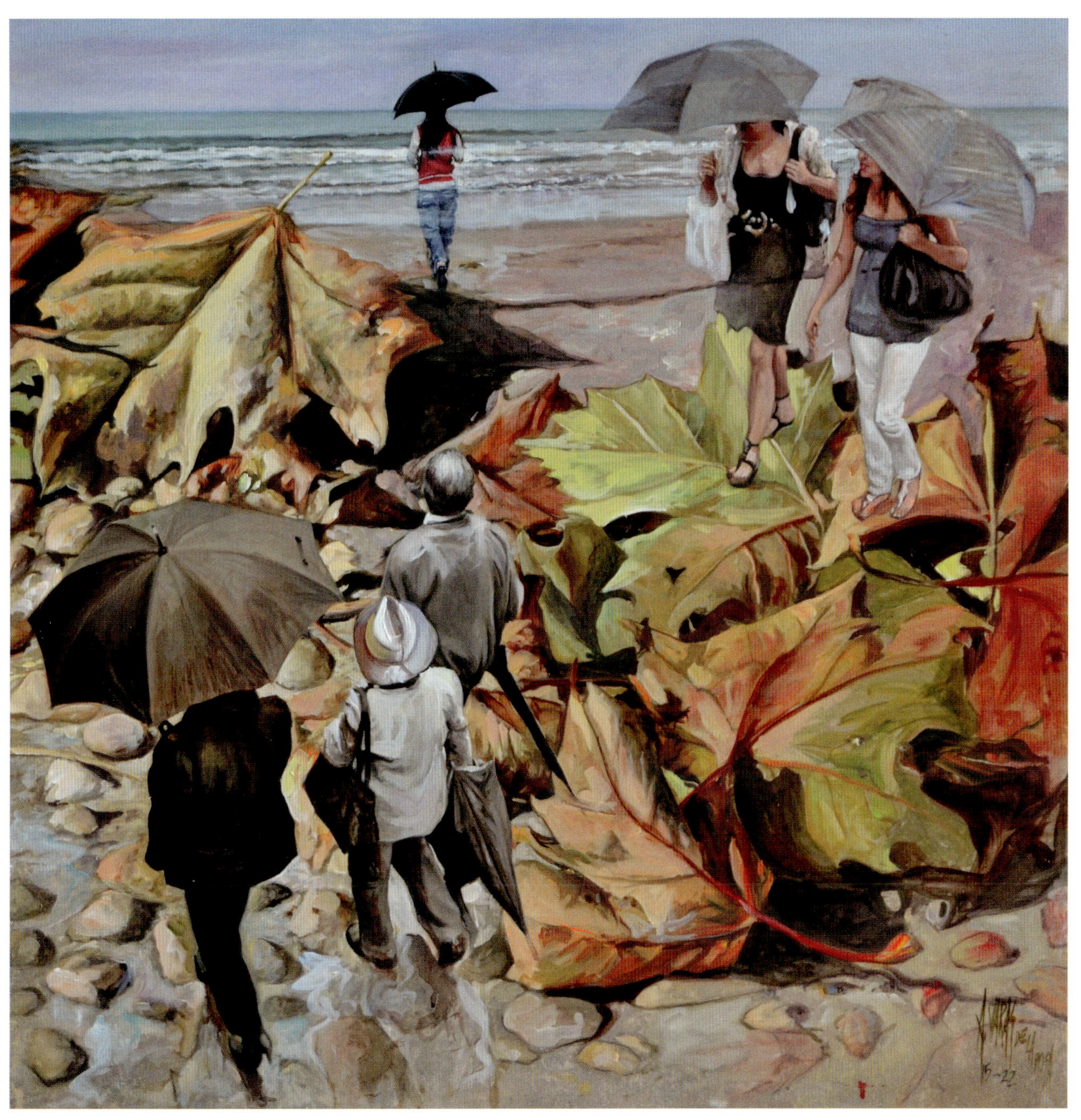

Caminamos hacia la luz | 2015-2022 | Óleo sobre tabla | 61 x 61 cm

Ignacio Villar González
Salamanca, 1958

La luz, que acaricia la escultura y resbala por sus planos y aristas alejando de ella las sombras, deja a la vista lo más íntimo y secreto, destapando sus miedos e incertidumbres, pero a la vez muestra sus volúmenes y recónditos vericuetos.

Penetra en el alabastro y crea un diálogo entre ambos.

La luz llena los vacíos, genera nuevos espacios por los que irrumpe, como si estuviera profanando un lugar reservado únicamente a la escultura y a su autor.

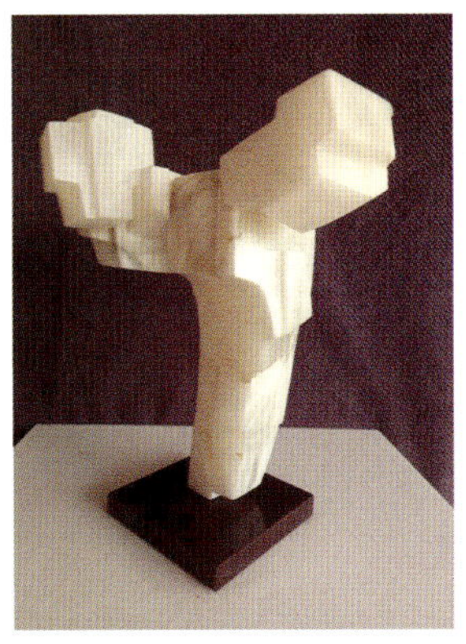 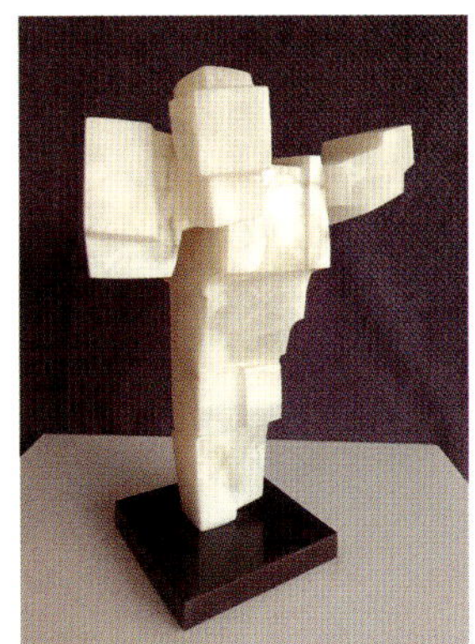 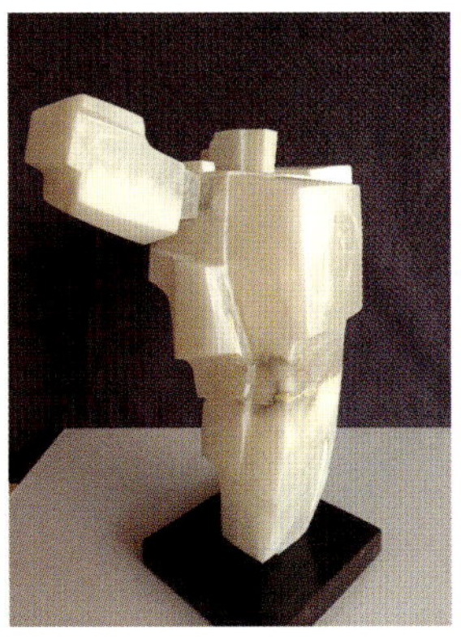 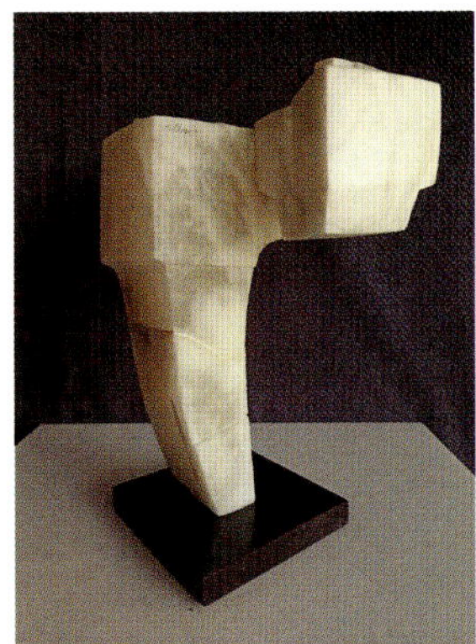

Rumor | 2024 | Alabastro | 36 x 28 x 22 cm

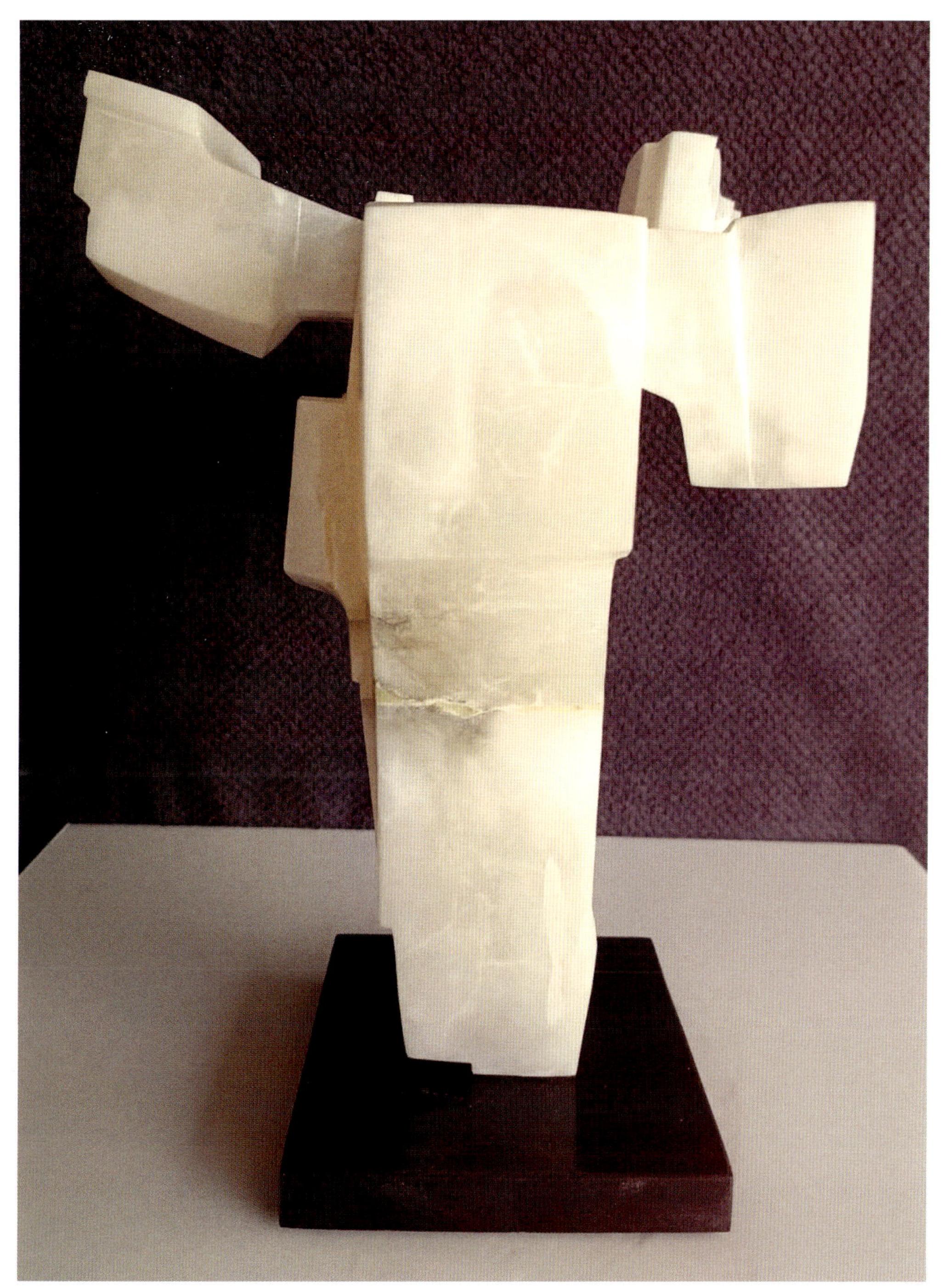

Salvador Yáñez Montero

Salamanca, 1941

Siempre me han sorprendido gratamente las tormentas con sus maravillosas formaciones de luces y sombras. Por este motivo, he tratado de conseguir y plasmar en un lienzo algo de lo acaecido en nuestro Campo Charro.

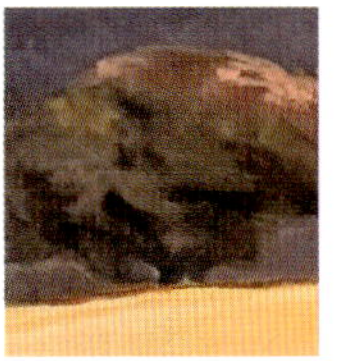  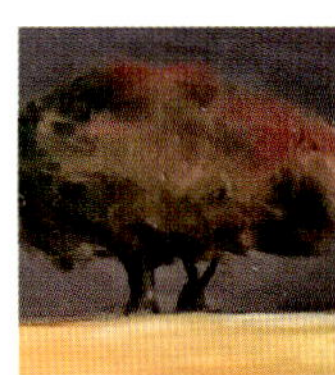

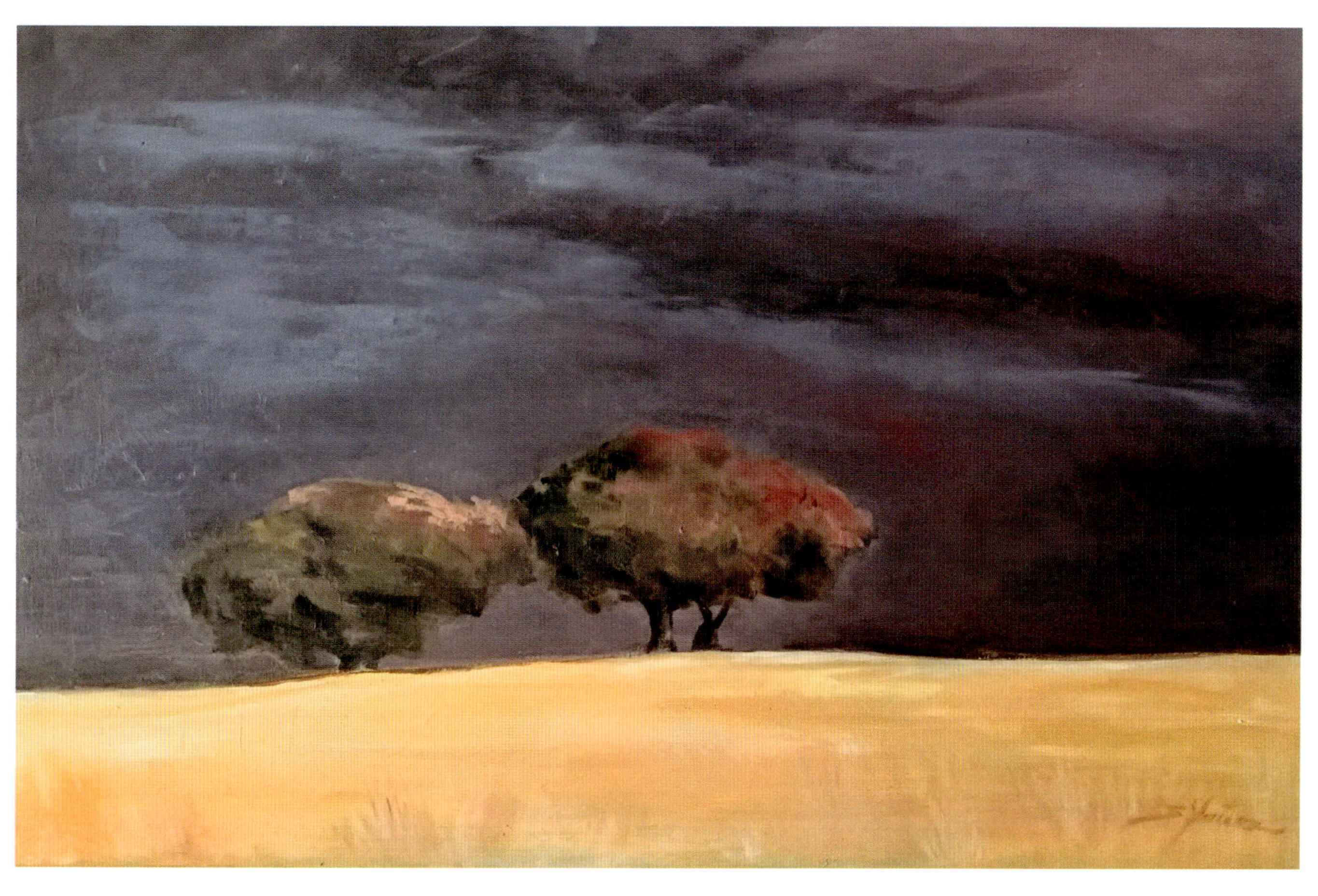

Tormenta | 2025 | Óleo sobre DM | 71 x 95 cm

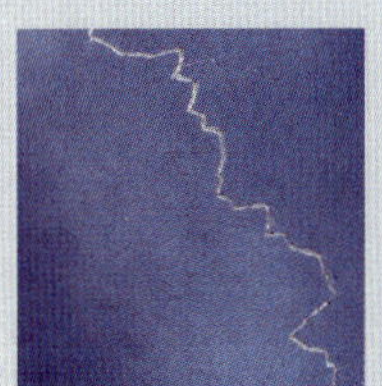

Se acabó de imprimir este catálogo
el 15 de mayo de 2025,
festividad de San Isidro Labrador,
vísperas del Día Internacional de la Luz;
Luz que ojalá ilumine –también con
bellas obras de arte– la Tierra que
a todos nos acoge.